KB092949

공동체 주택이 답이다!

집이 내 삶의 행복을 결정한다면?

공동체 주택이 답이다!

김은재 지음

S

전셋값으로 내가 꿈꾸는 집을 "함께" 짓다

내 집 마련의 시기가 오다

'가격이 저렴하면서도, 내 맘에 쏙 드는 집이 어디 없을까?'

결혼 8년 차이던 2015년, 내 최대 고민은 '집'이었다. 신혼 때는 막연히 결혼 10년쯤 후에 내 집 마련을 해야겠다고 생각했다. 하지만 아이를 낳아 기르며, 우리 부부는 무리하게 대출받아 '하우스푸어'로 살 이유가 없다고 판단했다. 조금 귀찮더라도 전세로 버틸 만큼 버티는 것이 좋을 듯싶었다.

그렇게 이 동네 저 동네를 전전하던 어느 날, 드디어 정착해서 살고 싶은 동네를 찾았다. 바로 부천시 소사구 송내동이었다. 우리 부부는 아이를 일반 어린이집에 보내는 대신 공동 육아를 하는 산어린이집(이하 산집)에 보내기로 결정한 상태였다. 산집이 있는 곳이 송내동이었고, 그곳에 살면 아이 교육에도 좋을 뿐만 아니라 산집을 통해 친해진 마을 사람들과 이웃이 될 수 있다는 점도 좋았다. 아예 전셋집도 산집 바로 옆 아파트로 얻었다. 마을살이를 하기에 가장 적당한 위치였기 때문에 낡은 아파트였지만 개의치 않았다. 우리 부부는 전세 계약을 앞두고, 부동산 중개인에게 물어보았다.

"저희 이 동네에서 계속 살고 싶어요. 이 전셋집에서 오래 살 수 있을까요?"

부동산 중개인이 자신 있게 대답했다.

"그럼요. 이 집은 회사에서 관리하는 집이라서 전세로 오래 살 수 있을 거예요."

하지만 삶은 언제나 예측 불허인 법. 1년쯤 지나자, 집주인이 전화로 다짜고짜 퇴거 통보를 해 왔다.

"제 딸이 그 집에서 살 겁니다. 두 달 후에 이사 가 주세요."

불행인지 다행인지 남편이 집주인과 이야기를 잘 해서 1년 후, 계약 기간이 끝나면 집을 비워 주기로 했다.

'내년에는 어디로 가야 하나?'

이런 생각을 하니, 심란함이 몰려왔다. '전세대란'이라고 난리가 나던 시기였다. 부랴부랴 다른 전셋집을 알아보았지만 점점 전세는 없어지고 기존 전셋값에 월세까지 얹어 줘야 하는 상황이었다. 집값과 전셋값이 크게 차이 나지 않아 깡통 전세 우려도 있었다.

'할 수 없이 집을 사야 하나?'

이래서 아이를 낳고 결혼 10년 차쯤 되면, 울며 겨자 먹기로 무리를 해서라도 집을 사나 싶었다. 어차피 이 동네에서 살기로 마음먹었기에, 우리 부부는 빨리 안정적인 주거 공간을 마련해야겠다는 생각이

들어 초조해졌다.

우리가 살던 아파트는 산을 마주하고 있어 마음에 들었지만, 선뜻 사기가 망설여졌다. 1988년에 지은 아파트라 '녹물이 나온다, 세대별 수도관 교체를 해야 한다' 등 여러 문제가 많았기 때문이다. 아파트가 노후하자, 관리비도 점점 오르는 형편이었다. 그 여파로 경비원들을 절반이나 해고하기도 했다. 주차장이 부족해 아이들 놀이터를 없애고 주차장을 만들기도 했다. 이 아파트를 평당 1,100만 원 가까이 주고 사는 게, 썩 내키지 않았다. 근처에 새로 지은 아파트들은 평당 1,500만 원이 넘는 금액이어서 부담스러웠다.

그럼 빌라를 사자 싶었다. 마침 동네 초등학교 근처 신축 빌라를 분양한다기에 둘러보았다. 아파트보다는 저렴해서 계약을 할까 망설였는데, 주변에서 이런 얘기들이 들려왔다.

'필로티 구조는 안전성이 떨어진다', '날림 공사한 빌라를 사면, 층간 소음이 장난 아니다', '되팔기가 어렵다', '주차대란이다'.

예전에 남동생과 다세대 주택에서 자취할 때, 남동생이 나에게 하소연하던 것도 생각났다.

"누나, 내 방은 겨울 되면 군대보다 더 춥고, 여름에는 군대보다 더 더워."

이런 기억과 사람들의 평 때문에 선뜻 빌라를 사기도 망설여졌다.

살면서 가장 큰돈을 써야 하는 내 집 마련은 금방 결정 내릴 수 있는 문제가 아니었다. 전세로 살 집을 고르는 것과 오랫동안 살 내 집을 고르는 것은 전혀 다른 문제였다. 그렇게 당면 과제가 된 내 집 마련, 고민은 깊어지기만 했다.

'아! 평범한 월급쟁이가 10년 정도 맞벌이해서 살 수 있는 아늑한 집, 어디 없을까?'

어린이집 재건축을 경험하다

그러다가 아이가 다니는 어린이집 재건축하는 과정을 지켜보게 되었다. 나는 친정이나 시댁에서 도움을 받지 않고 아이를 키우는 육아 독립군 워킹맘이다. 직장 복직 전, 안심하고 아이를 맡길 수 있는 어린이집을 수소문했다. 대학 동기가 나에게 '공동 육아'를 줄기차게 권하던 게 떠올랐다. 그래서 아이 다섯 살 때 찾은 곳이 부천 송내동에 있는 산집이었다. '아침 7시 30분부터 저녁 7시까지 아이를 봐 준다는 점, 유기농 음식을 사용하는 점, 아이들이 날마다 산에 가서 놀고 온다는 점' 등이 마음에 들었다. 처음에는 단순히 육아에 도움을 받고자 온 곳이었다. 이곳에서 내 삶의 무늬가 크게 바뀔 줄 그때는 몰랐다.

산집은 20여 년 전, 부천 지역의 몇몇 부모들이 '농촌 공동체를 회복하자'는 마음으로 만든 곳이다. 그때까지 나는 공동 육아를 하는 어린이집을 '부모들이 돌아가면서 아이들을 키우는 곳'으로 알 정도로 무지했다. 알고 보니 공동 육아 어린이집은 부모들이 조합원이 되어 운영하는 곳이었다. 교사들이 아이들을 돌본다는 점은 일반 어린이집과 같지만, 어린이집 운영을 부모들이 한다는 점이 다른 어린이집과 달랐다. 부모들끼리 이사를 선출해 재정, 시설, 조직을 관리한다.

처음 산집에 와서는 손발이 오그라드는 줄 알았다. 서로 본명으로 부르지 않고, 별명을 불렀기 때문이다. 수평적인 인간관계와 원활한 의사소통을 위해서라고 했다. 처음에는 동물원이나 식물원에 온 줄 알았다. 코뿔소, 누렁소, 흑염소, 코끼리, 잠자리, 달래, 냉이, 제비꽃 등등. 피식 웃음이 터지는 별명도 있었다. 코딱지, 사또, 느낌표, 투덜이, 고무줄, 팽이, 산신령 등등. 선생님에게도 '선생님' 하고 부르지 않고 '달래'라고 부르는 것도 멋쩍었고, 엄마들끼리도 '지현 엄마'라고 부르지 않고 '또치'라고 부르는 것도 참 쑥스러웠다. 별명은 주로 애들이 지어 주는데, 우리 부부도 아들이 지어 주었다. 나는 '앵무새', 남편은 '얼룩말'이 되었다.

이 책에서도 앞으로 함께 사는 공동체 입주자들을 'OOO씨, OO아빠, OO엄마'라는 호칭 대신 별명으로 부를 예정이다. 낯간지럽더라도 꾹 참고 봐 주시길!

아무튼 산집에 들어간 해, 기존 산집 건물이 낡아서 안전에 문제가 있다고 했다. 여러 논의 끝에 기존의 건물을 부수고, 새집을 짓기로 결정했다. 뜻하지 않게 재건축을 경험해 보게 된 것이다.

주택도 살기 편하구나!

산집에는 마흔 가구 넘는 조합원이 있기 때문에, 모든 의사 결정은 총회에서 한다. 나는 산집총회에 참석해 집 짓는 과정을 대략적으로 살펴볼 수 있었다. 그때 처음 알게 된 사실이 '건축가'와 '시공사'가 다른 곳이라는 점이었다. 나는 그동안 집을 지어 주는 곳에서 건축 설계도 해 주는 줄 알았다.

한 건축 사무소에서 조합원들이 합의한 사항으로 건축 설계를 해 왔다. 조합원들은 그 건축 설계도를 놓고 구체적인 인테리어 사항을 합의해 나갔다. 이후, 공사에 들어갔다. 나는 산집 옛 건물이 허물어 지는 것부터 공사가 진행되는 모든 과정을 지켜보았다. 그렇게 공사 시작 6개월 만에 새 건물이 완성되었다. 그 과정을 꼬박 지켜보니, 집 짓는 게 그리 어렵지 않겠다는 생각이 들었다.

산집은 부모 참여도가 높은 곳이라, 부모들이 산집 시설 구석구석 을 사용해 볼 기회도 많고, 산집에 머무르는 시간이 많다. 나도 새로 지은 산집에서 시간을 자주 보냈다.

나는 '주택' 하면 '여름이면 덥고, 겨울이면 추운 곳'이라는 고정 관 념을 가지고 있었다. 하지만 산집은 여름에 시원했다. 겨울에 보일러 를 조금만 틀어도 따뜻했다. 흙 마당이 어른들 보기에는 그리 넓지 않 았는데, 아이들은 마음껏 뛰어놀았다. 아이들은 지치지도 않고 흙 놀 이에 열중했다. 마당 자그마한 텃밭에 아이들이 배추를 심어 김치를 해 먹었다. 정원이 아기자기했는데, 보고만 있어도 기분이 좋아졌다. 그 모습을 보고 모두 비슷한 생각을 했는지, 부모들끼리 이런 말을 자 주 했다.

"산집 지어 보니까 살기 좋은 것 같아. 가격만 괜찮으면 주택 지어 서 살아도 괜찮겠다."

"맞아. 나도 산집 짓고 나서, 단독 주택 지어 살아도 괜찮겠다는 생 각을 처음 했어."

"애들이 이렇게 소리 지르고 뛰어놀 수 있는 마당 있는 집 지어서 살면 좋겠네."

처음으로 '집을 지어 내 집 마련'을 하고 싶다는 생각이 몽글몽글 피어났다.

집은 사는 것(買)이 아니라, 사는 곳(住)이다

"여보, 우리도 아파트 탈출해서 집 짓고 살아 보는 거 어때? 산집 새로 지은 거 마음에 들더라."

나는 남편에게 집을 지어 보자는 이야기를 꺼냈다. 남편은 처음에는 의아해했으나, 곧 내 의견에 동조했다. 남편이 어릴 적 시골 단독 주택에서 살 때 추억을 들려주었다. 헛간 지푸라기 쌓아 놓은 곳에서 불장난을 하며 놀던 일, 마당에서 누나들과 뛰어놀던 일, 호박이든 참외든 씨만 던져두면 마당에서 온갖 열매가 열리던 일 등을 말하며 즐거워했다.

"우리가 수도권에 살면서 알게 모르게 고정 관념이 생긴 것 같아. '집=아파트=상품'이라는 생각을 하잖아. 우리도 무조건 돈을 모아서 아파트를 사야겠다는 생각만 했지, 한 번도 집 지을 생각은 못 해 봤네."

나는 그 말에 공감했다. 스무 살에 대학을 서울로 온 후, 여러 차례 이사했다. 다세대 주택, 다가구 주택에서도 살았다. 임용 고시 준비할 때는 잠깐이지만 고시원에서도 살아 봤다. 결혼 이후에는 아파트에서 살았다. 주거 형태 중 동굴 빼고는 거의 다 살아 본 것 같다.

어떤 주거 형태냐를 떠나, 내게 집은 '언제라도 떠날 준비를 하는 곳'이었다. 아이가 태어나기 전까지 집은 바깥에서 활동하다가 잠시 머무는 곳, 잠만 자는 곳이었다. 학교나 직장 상황에 따라, 혹은 집값에 따라 원하든 원치 않든 늘 떠나기 바빴다. 생각해 보니, 아파트는 떠돌아다니며 살기 좋게 만든 구조였다. 전국 모든 아파트가 거의 비슷비슷한 구조로 획일화되어 있기 때문이다. 내가 그동안 살아 본 아파트 전셋집도 그랬다. 20년 전에 지은 아파트든 최근에 지은 새 아파트든, 15평이든, 32평이든, 퀸 사이즈 침대, 15자 장롱, 대형 냉장고, 김치 냉장고, 텔레비전 등 대기업이 만든 제품들이 레고 부품처럼 집에 쏙쏙 다 들어갔다.

또 '재테크'라는 단어가 익숙해지며, 이런 생각이 내 머릿속에 각인되어 있었다.

'좋은 집이란 역세권일 것, 학군이 좋을 것, 쉽게 되팔 수 있어야 할 것, 공원이 가까이 있을 것'

이것이 대한민국 수도권에 사는 대부분의 사람들이 가진 집에 관한 생각일 것이다. 보통 사람들이 욕망하는 집은 '브랜드 신축 32평형 아파트'로 규격화되어 있다. 우리 부부 역시 그랬다.

그런데 과연 '아파트에 살고 싶다'는 욕망은 진짜 나의 욕망일까? 나는 그간 한 번도 이런 성찰을 해 본 적 없었다. 그저 이왕이면 빚을 내어 사더라도, 넓은 신축 브랜드 아파트에 살고 싶다는 생각만 맹목적으로 했다. 우리 부부가 돈 벌어서 언젠가는 사고 싶은 '가장 비싼 상품'이 바로 이런 아파트였다.

반면, 고향 단독 주택은 '머무르는 곳, 사람이 사는 집'이었다. 부모님은 지금도 내가 어렸을 때부터 살던 그 집에 사신다. 부모님은 그 집을 10년에 한 번씩 대대적으로 리모델링하며 마당에서 텃밭도 가꾸고 뒷산으로 등산하러 다니시며 이웃들과 함께 사신다.

그 집에는 내 어린 시절 추억이 곳곳에 묻어 있다. 첫사랑 남자애가 손수 접은 종이거북이 천 마리를 놓고 간 대문, 동생처럼 아끼며 키우던 강아지와 뛰놀던 마당, 손톱에 봉숭아 물들이던 옥상 계단참, 가을이면 아버지가 무화과나무에 올라가 잘 익은 무화과를 건네주시던 화단, 엄마가 삶은 메주콩을 콩콩 빻던 절구, 장이 익어 가던 옥상 장독대, 빨간 고무 통에 삼 남매가 들어가 목욕하던 부엌, 단짝 친구와 3년간 주고받은 편지바구니가 있는 다락방, 겨울이면 꽝꽝 얼어붙던 광 옆 화장실.

나는 그 집에서 학창 시절을 보냈다. 대학 때는 방학 때마다 와서 거실에서 책 읽으며 뒹굴뒹굴했다. 지금 그 집은 내 아이에게는 집 안 곳곳에 탐험할 거리가 많고, 엄마의 어린 시절 이야기가 가득 묻어 있는 정겨운 외갓집이다. 고향 단독 주택은 나에게 '상품'이 아닌 '추억'이자 '삶' 그 자체다. 수도권에서 사는 동안 잠시 그 사실을 잊고 살았다. 집은 사는 것(買)이 아니라, 사는 곳(住)이라는 사실을.

이웃과 같이 산다면?

그때부터 남편과 나는 집을 지어 보자는 꿈에 부풀었다. 집값에 연연하여 언제든 짐을 쌀 준비를 하는 집이 아니라, 우리 가족의 이야기와 추억을 담을 수 있는 집을 짓자고 다짐했다. 하지만 단독 주택 짓

는 게 어디 쉬운 일인가. 그 시점에 한 산집 엄마와 공동체 주택 이야
기를 시작하게 되었다.

2015년 봄, 나는 산집 현서 엄마 미키와 함께 아이들을 데리고 마
을 뒷산인 성주산에 올랐다. 우리는 처음 보는 산길로 내려왔는데, 성
주초등학교 뒤편 양지바른 곳에 작은 마을이 있었다. 나는 고즈넉하
게 들어선 1층 집들을 보고 반했다.

"와, 이런 데다 집 짓고 싶다."

미키도 고개를 끄덕였다.

"나도. 근데 혼자 이런 데 살면 무섭지 않을까?"

"그래? 그럼 같이 살까?"

"좋은 생각이다. 그럼 어디 나갈 때 애도 서로 봐 주고 좋겠다."

"그렇지? 우린 애들끼리도 친하잖아."

미키도 전세 계약 기간이 끝나 가고 있었다. 이렇게 미키와 나의 어
설픈 '같이 살기' 프로젝트가 시작되었다. 다음 날, 우리는 남편들을
데리고 그 장소로 향했다. 미키 남편 로이가 스마트폰으로 검색을 하
더니 그 지역은 그린벨트 지역이라고 알려 주었다. 그 지역에 새 주
택 짓기는 쉽지 않다는 말을 듣고, 산 아래 뒷마을로 내려왔다. 다가
구 주택, 다세대 주택이 다닥다닥 붙어 있는 지역이었다. 조금 더 큰
길가로 내려오니 2층짜리 마당 없는 단독 주택이 빼곡하게 들어서 있
었다. 미키가 말했다.

"나 더 이상 아파트는 싫어. 닭장 같다는 생각이 들어."

"나도. 우리 그럼 이 주변에 땅 있나 알아볼까? 아니면 단독 주택을

사서 다시 짓자.”

우리는 함께 살 꿈에 부풀었다. 하지만 건축의 ‘기역 자’도 모르는 나와 미키는 몇 주나 헛물만 켰다. 부동산에 가도 사장님들이 우리를 본 척 만 척했다. 딱 봐도 ‘빌라 업자’처럼 생기지 않은 아줌마들이 알짱대니, 단독 주택을 제대로 보여 주지도 않았다. 빌라나 아파트 매매만 권했다.

단독 주택 가격을 알아봤더니 땅값이 평당 1,000만 원도 넘었다. 원래 단독 주택은 건물값은 안 받고 땅값만 받는다고 했다. 대지 40평짜리 단독 주택 가격이 4~5억이었다. 두 집에서 그 돈을 주고 나면 지푸라기로 움집을 지어야 할 판이었다. 문득 더 여러 명이 함께 집을 지으면 더 싼 값에 집을 지을 수 있겠다는 생각이 들었다. 주위를 두리번거리기 시작했다.

[아웃 오브 박스] 아파트도 벗어나고, 고정 관념도 벗어나다

훗날, 여섯 가구가 모여 집을 다 짓고 나서 로이가 이런 말을 했다.

“저는 산집에 와서, 또 함께 집을 지으며 여러 차례 ‘아웃 오브 박스’ 했습니다.”

로이는 말 중간중간 영어를 섞어 써서 내가 잘 못 알아들을 때가 종종 있다. 그때도 그랬다. 나는 그 숙어가 주는 어감은 알겠으나, 정확한 뜻이 궁금해졌다. 스마트폰으로 검색해 보았다.

‘아웃 오브 박스(out of box) : 독창적인, 창조적인’

말 그대로 네모난 틀, 박스를 벗어난다는 뜻이다. 나는 그 말을 들고 무릎을 쳤다. 우리 여섯 가구는 '아파트'라는 '박스'에서 벗어나기도 했고, 집을 지으며 여러 가지 고정 관념에서 벗어나기도 했으니까 말이다.

우리가 벗어난 고정 관념들은 다음과 같다.

첫째, '남이 지어 준 집에 들어가 사는 것이 제일 편하다'는 생각의 박스에서 벗어났다.

집을 지으며 가장 놀란 점은 건축물에 집 짓는 사람의 삶을 담을 수 있다는 점이었다. 우리 여섯 가구는 모두 각 가구의 개성이 묻어나게 집을 지었다. 방, 거실의 위치와 크기부터 문고리 하나까지 철저하게 각 가구의 취향대로 집을 지었다. 우리 가족이 꿈꾸고 원하는 공간을 직접 설계하여 만든 집, 그런 집에 사는 것이 가장 편하게 사는 방법이 아닐까?

둘째, '집을 꼭 혼자서 지어야 한다'는 생각의 박스에서 벗어났다.

내 집 짓기가 어려운 이유 중 하나는 꼭 집을 '혼자' 지어야 한다고 생각하기 때문이다. 요즘 '협소 주택', '실속 주택' 이런 말이 많기는 하다. 하지만 수도권 땅값이 만만찮기 때문에 혼자서 땅을 사고, 건축비를 내는 것은 부담스럽다. 하지만 여러 명이서 함께 땅을 사고, 공사를 같이 하면 금전적 부담이 확 줄어든다.

실제로 우리 여섯 가구가 집을 지은 터는 197평(653㎡), 땅 가격은 8억 5천만 원이었다. 처음 시공사가 제시한 총공사비를 듣고 계산기를 두드려 보았다. 우리 가족이 살게 될 집의 전용 면적은 18평이었다. 이는 아파트 분양 면적으로는 약 25평에 해당하는 평수였다. 평당 공사비를 브랜드 아파트와 비슷한 수준으로 잡았을 때, 우리 집 분양가는 2억 원가량이었다. 집터에서 걸어서 3분 거리에 있는 아파트와 가격 비교를 해 보았다. 2009년에 지은 G사 X브랜드 아파트의 같은 평수 가격을 알아보니, 아파트가 거의 1억 5천만 원 정도 더 비쌌다.

집터는 부천 송내역, 중동역에서 걸어서 10분 거리에 있는 곳이었다. 흔히 말하는 '역세권'이라 할 만한 위치였다. 마당이 있어 아이들이 뛰어놀 수도 있었다. 바로 옆에 등산로, 공원도 있었다. 이런 입지에 근처 브랜드 아파트보다 1억 5천만 원 저렴하게 내가 원하는 집을 지을 수 있다고 생각하니, 망설일 이유가 없었다. 함께 집을 지으면, 우리 집 전용 면적이 작아도 공용 공간을 쓸 수 있기 때문에 아파트보다 더 넓게 살 수 있을 거라고 판단했다. 남는 돈으로는 내 인생의 다른 기회에 투자하면 된다고 생각했다.

셋째, '집은 재테크 수단'이라는 생각의 박스에서 벗어났다.

사람들은 집을 살 때 대충 사지 않는다. 이것저것 따져 보며 고심한다. 학군, 교통, 재건축 여부와 같은 외부 조건을 꼼꼼하게 따진 후 사는 경우가 많다. 낡아서 살기 힘든 집도 돈을 벌려는 목적으로 사기도 한다. 거의 자신의 전 재산을 투자하거나 대출을 받아 집을 산다. 하지만 이런 관점에서 집을 사면, 집값에 일희일비하고 언제나 떠날 준비를 하며 살아야 할 것 같다. 공동체 주택 추진위원장인 드래곤이 말하길, 주택을 지으면 땅값은 떨어지지 않는다고 하기는 했지만, 어쨌든 우리 여섯 가구는 재테크가 아닌 가족들이 오랫동안 안정적으로 살 목적으로 집을 지었다.

내 집 짓기, 함께 도전하기

막상 함께 집을 짓고 살다 보니, 내가 살고 싶은 집을 내가 지어 산다는 기쁨 외에도 다른 가족들과 함께 사는 기쁨이 컸다.

우리 여섯 가구는 다양한 이유로 함께 집을 지었다. 내 집 마련을 위해 온 가구, 아파트 층간 소음 스트레스를 피해 온 가구, 마당 있는 집에서 아이들을 키우고 싶어서 온 가구, 이웃들과 살고 싶어서 온 가구 등등. 각기 다른 이유에 방점을 찍고 온 가구들이었는데, 시간이 흐를수록 입주 전에는 생각지도 못한 공동체의 삶이 펼쳐졌다.

이렇게 사는 모습이 신기했던지, 많은 사람들이 찾아와 여러 가지를 물었다. 대부분 사람들이 하는 질문들은 모두 비슷했다. 그 질문들은 내가 공동체 주택을 짓기 전 스스로 갖고 있던 질문이기도 했다. 그래서 이 책에 사람들이 궁금해하는 '공동체 주택 생활'에 관한 모든 점을 담으려고 노력했다.

제일 먼저 집 짓는 구체적인 공정과 금액에 관한 현실적인 이야기를 담았다. 아무리 집 짓는 목적이나 이상이 좋다 하더라도, 현실적인 부분이 따라 주지 않으면 건축이 불가능하기 때문이다.

공동체 마인드에 대한 이야기도 담았다. 공동체 주택을 꿈꾼다면, 그곳에서 입주자들과 어떻게 어울려 살아갈지를 미리 생각해야 한다. 입주자들이 함께 살아갈 마음가짐이 되어 있지 않다면, 멋진 공동체 주택을 지었더라도 그 집에서 사는 일이 괴로워질 수 있다.

끝으로, 우리가 사는 모습을 여러 측면에서 진솔하게 담았다. 이를 보며, 공동체 주택에서 사는 모습을 가늠해 보시길 바란다.

우리 여섯 가구는 아이 양육을 하는 집이라는 공통점이 있다. 그런 까닭에 이 책에는 젊은 부부들의 이야기가 자주 나올 것이다. 하지만 우리처럼 아이 키우는 집이 아니어도 좋다. 이 책을 통해, 함께 모인 사람들의 필요에 따라 각기 다른 모습의 '내 집', 그리고 '공동체 주택'을 만들 수 있는 힌트를 얻으셨으면 좋겠다. 혼자서는 하기 힘든 '내 집 짓기'를 마음이 맞는 그 누군가와 '함께' 도전해 보라고 권하고 싶다. 그 도전의 결과로 내가 꿈꾸는 집도 얻고, 이웃과 함께 살아가는 즐거움을 동시에 누릴 수 있게 되리라 믿는다. 이 책이 그런 희망을 품은 분들에게 작은 길잡이가 되었으면 한다.

Part 1

공동체 주택 짓기 **하드웨어** 편

2억으로 343일 만에
집 짓기

공사 개요

위치 : 부천시 소사구 송내동
땅값 : 850,000,000원
지역지구 : 자연녹지지역
건축형태 : 철근콘크리트조
대지면적 : 653㎡ (197.5평)
건축면적 : 130.3㎡ (39.4평)
건폐율 : 20%
용적률 : 79.6%
연면적 : 520.3㎡ (157.6평)
1층 130.3㎡ (39.4평)
2층 130.3㎡ (39.4평)
3층 130.3㎡ (39.4평)
4층 130.3㎡ (39.4평)

자 재

지붕재 : 징크 /조경(잔디+블럭)
외장재 : 스타코 & 스톤코트 / 징크
내장재 : 실크벽지 혹은 천연벽지
바닥재 : 강마루

1. 누구랑(주체), 어디에(땅), 누가(건축가·시공사) 정하기

공동체 주택 이야기가 나오다

처음 산집 아빠들 사이에서 공동체 주택 이야기가 나온 곳은 서울 종로의 한 식당이다. 종로 인근에서 일하는 산집 아빠들끼리 점심을 먹자고 모인 자리였다. 거기 모인 아빠들 중에 산집 조합원 생활 1년 차였던 드래곤이 있었다. 드래곤은 한 건설 회사에 10여 년 이상 몸담고 있는 '건설맨'이다. 드래곤은 공동체 의식이 투철한 산집이라면 조합원들끼리 집을 같이 지어 살 생각 정도는 해 보았을 거라고 생각해서, 아빠들에게 물었다.

"산집에서 한 번이라도 공동체 주택을 추진해 본 적 있습니까?"

산집 생활 4년 차였던 로이가 대답했다.

"그동안 몇 차례 시도해 봤으나, 경험도 없고 추진 주체도 없어서 그때마다 포기했어요."

실제로 산집에서 여러 차례 공동체 주택을 시도한 적이 있긴 했다. 하지만 한 번도 실행으로 이어진 적은 없었다. 드래곤이 말했다.

"그렇군요. 부인 초록이 공동체 주택에 살고 싶다고, 성미산 마을로 가자고 하네요. 굳이 성미산 마을에 가지 않고도, 송내동에 공동체 주택을 만들면 어떨까 해서 물어봤어요. 우리도 공동체 주택 한번 만들어 볼까요?"

이때 드래곤은 반은 농담으로 한 말이었다고 한다. 섣불리 혼자서 공동체 주택을 짓자고 하는 것이 우스울 것 같았기 때문이었다. 지나가는 말로, 로이가 드래곤에게 말했다.

"우리 부인 미키하고 앵무새가 같이 집 짓는다고 요즘 막 돌아다녀요. 근데 그 두 사람 다 순간의 감정에 충실한 사람들입니다. 저러다 말 거예요."

2015. 3. 22. (D-341)

진격의 리더, 세 가구 모집하다

이틀 후, 드래곤은 아이를 데리러 산집에 왔다. 그곳에서 나와 미키를 만났다. 당시 드래곤은 우리와 한 번도 사적으로 얘기해 본 적 없는 사이였다. 서로 '존재'만 알고 있었다. 우리는 남편들에게서 드래곤이 꺼낸 말을 들은지라, 드래곤에게 바싹 다가갔다.

"드래곤, 우리도 함께 살아 봐요. 드래곤이 추진위원장이 되어 주셨으면 좋겠어요! 꼭이요, 꼭!"

드래곤은 우리의 희망에 찬 눈빛에 마음이 흔들리는 것처럼 보였다. 드래곤은 우리 둘에게 물었다.

"만약 제가 공동체 주택을 추진하면, 두 가족은 확실히 할 건가요?"

"네!"

나와 미키는 일본 복고양이 인형처럼 힘차게 고개를 끄덕였다. 이렇게 우리 집과 미키네, 드래곤네까지, 공동체 주택에 참여할 세 가구가 모집되었다. 드래곤은 자료 준비에 들어갔다. 이때까지만 해도 드래곤이 전대미문의 추진력을 가진 사람이란 걸 아무도 몰랐다.

2015. 3. 27. (D-336)

추진위원장, 산집 총회 때 공동체 주택 내용 발표하다

이날은 산집 총회 날이었다. 총회 후, 드래곤은 부모들에게 며칠 동안 준비한 내용을 발표했다. 공동체 주택에 관한 개괄적인 내용이었다. 열 가구 정도 관심을 보였다. 이들은 새벽까지 남아서 새로운 주택에 대한 꿈을 이야기했다. 다음 날, 총회에 참석하지 않았던 몇 가구도 드래곤에게 연락을 해 왔다. 드래곤은 공동체 주택에 대한 사람들의 열망이 강하다는 것을 확인하고, 그 열망의 중심에 서기로 결심했다.

후보 주택 부지 여건 상, 여섯 가구 정도가 집을 지을 수 있었다. 드래곤은 잡음을 막기 위해 순번을 정하기로 결심했다. 여섯 희망 가구 중, 한 가구가 빠지면 다음 순번 가구가 들어가기로 했다. 드래곤은 이때부터 '누구랑(주체), 어디에(땅), 누가(건축가·시공사)'를 고민했다.

공동체 주택을 지을 때 가장 중요한 사항이 '함께 지을 사람 정하기, 땅 사기, 건축가·시공사 정하기' 이 세 가지다. 이것만 정해지면 집 짓기의 50%가 해결되었다고 해도 무방하다.

누구랑 : 집을 지으려면 먼저 같이 집을 지으려는 주체를 확정해야 한다. 드래곤은 산집 부모들을 대상으로 개괄적인 자료를 만들어서 큰 그림을 먼저 보여 주고, 같은 마음을 가진 가구를 확정하겠다는 생각을 했다.

땅 : 땅을 물색하는 일이 가장 중요한 일이다. 땅에 따라 향후 지어질 집의 형태가 결정되기에, 세 가지 조건을 정해 놓고 땅을 알아보았다.

첫째, 부천시 소사구 송내동 산집 근처일 것
둘째, 마당이 나올 것
셋째, 최소 다섯 가구 이상이 살 수 있을 것

그 결과, 당시 매물로 나온 땅 두 군데를 대상 후보지로 정했다.

첫 번째 땅은 부천 중동역 인근 준공업지역에 위치한 60.5평(200㎡) 땅이었다. 가격은 9억 원이었다. 건폐율은 60%였다. 건폐율이란 전체 대지 면적 중 1층 면적 비율을 말한다. 쉽게 말해서 60.5평 땅의 건폐율이 60%라면, 1층 면적으로 60.5*0.6=36.3평이 나올 수 있다는 말이다. 부천시 조례에 따르면, 그 땅의 용적률은 250%이었다. 용적률이란 전체 대지 면적에 대한 건축물의 연면적 비율을 뜻한다. 연면적은 대지에 들어선 하나의 건축물의 바닥 면적의 합계인데, 계산 결과 우리가 지을 수 있는 건물의 총면적은 145.2평이었다. 최대 여섯 가구까지 살 수 있었다. 이 땅의 장점은 도보 5분 거리에 중동역, 마트, 도서관, 우체국 등 편의 시설이 있다는 점이었다. 단, 마당 공간은 확보할 수 없었다.

두 번째 땅은 자연녹지지역으로 197평(653㎡)이었다. 가격은 8억 5천만 원이었다. 건폐율은 20%로, 한 층 면적이 39.4평가량 나왔다. 용적률을 고려하면, 연면적은 157.6평 정도였다. 이곳도 최대 여섯 가구가 살 수 있을 것으로 보았다. 이 집의 최대 장점은 마당을 만들 수 있다는 것이었다. 자연녹지지역이었지만 접근성이 좋았다. 걸어서 10분 거리에 송내역, 중동역이 있었고, 집 근처에는 성주산 둘레길이 있었다.

드래곤은 어린아이들을 키우는 산집 조합원들의 특성상, 두 번째 땅으로 사람들의 마음이 기울 것으로 예상했다. 편의 시설보다 마당 있는 집에 살고 싶다는 가치를 추구할 것으로 본 것이다. 실제로 산집 총회 날 대상 후보지 두 곳을 브리핑한 결과, 대다수 공동체 주택 희망자들이 두 번째 땅을 선호했다.

건축가 · 시공사 : 집을 지을 땅이 마련되었다면, 가장 먼저 해야 할 일이 건축가를 만나 보는 일이다.

건축가는 건축주의 요구에 맞추어 집을 설계해 준다. 설계비는 집 평형에 따라 달라지고 건축가가 누구냐에 따라서 천지 차이이긴 하지만 대략 건축 예산의 10~20%를 차지한다. 빠듯한 예산으로 집을 지어야 하는 사람들에게는 큰돈으로 느껴지는 금액이다. 그래서 많은 사람들이 이 돈이 아깝다고 생각하여 건축가를 만나지 않는다. 요즘은 인터넷에서도 무료 도면을 쉽게 구할 수 있다. 건축 인허가를 해 주는 '허가방'이라는 부동산에서 적당한 도면을 권해 주기도 한다. 이런 경우 보통 사람들은 시공사를 정해 바로 공사에 들어가는 경우가 많다.

하지만 이 설계비를 아끼려다가 돈도 더 많이 들고, 마음고생 한 사람들 이야기를 여럿 들었다. 한 번 짓는 내 집을 인터넷에 떠도는 도면으로 짓는 것은 허무한 일 아닌가? 게다가 공사를 진행하다가 자꾸 마음에 안 드는 부분을 수정하다 보면 예상을 훨씬 초과한 예산 때문에 돈에 허덕이다가 공사를 끝내는 경우도 많다.

공동체 주택도 마찬가지다. 서울의 공동체 주택 중 한 곳도 공사 도중 자꾸 입주자들이 공사를 중단하고 도면 수정을 요구해 공사비가 감당할 수 없는 지경에 이르렀다고 한다.

처음부터 건축주가 건축가와 소통하여 원하는 도면을 정확하게 정해 놓고 공사를 시작해야 이후 공사비 낭비를 막을 수 있다. 만약 공사를 하다 중간에 도면을 수정해서 공사가 지연되면, 공사가 중단되는 날 수만큼 인건비와 중장비 요금이 나가기 때문에 손해다.

건축가는 건축 잡지, 책, 방송 매체, 인터넷 등을 통해 평상시 건축 철학을 알아보고 공감하는 분을 찾아가면 된다. 요즘은 인터넷에도 건축가 정보가 많다. 시공사는 건축가가 추천하는 곳으로 하는 경우도 있고, 건축주가 알아본 곳으로 해도 된다.

드래곤은 주택 설계를 포함한 주택 시행에 도움을 줄 건축가(시행사)를 물색했다. 일반 시행사가 아닌, 공동체 주택을 지어 본 회사로 정하기로 마음먹었다. 드래곤은 이전부터 성미산 마을 기업인 '소행주(소통이 있어 행복한 주택)'를 눈여겨보고 있었다. 소행주가 '도시에서도 행복한 마을살이를 가능하게 하자'는 목표 의식을 가진 회사라는 사실을 알고 있었기에, 드래곤은 주저 없이 소행주에 연락했다. 시공사는 '자담 건설'로 선정했다. 소행주와 함께 몇 채의 공동체 주택을 지어 본 회사였다.

드래곤은 소행주와 집 짓는 방식, 자금 조달, 공사 진행 일정 등에 대해 가닥을 잡아 가기 시작했다.

Tip. 드래곤's 땅 알아보는 법!

토지는 용도에 따라 도시지역, 관리지역, 농림지역, 자연환경보전지역 등 네 가지로 구분된다. 각 지역은 다시 여러 지역으로 세분화되고, 각 용도지역별로 건폐율, 용적률 등이 다르다. 땅을 알아보러 가기 전에 인터넷에 '토지용도지역, 용적률, 건폐율' 등 부동산 용어와 '국토의 계획 및 이용에 관한 법률'을 간단히 검색해 보아도 대략적인 땅의 용도와 활용도를 알 수 있다.

다음은 드래곤이 초보자를 위해 알려 주는 '단독 주택 혹은 공동체 주택' 땅 알아보는 팁이다.

1. 적당한 땅을 발견했다면 반드시 어떤 용도 땅인지 확인해야 한다.

국토교통부의 토지이용규제정보서비스(luris.molit.go.kr)에 들어가면 토지이용계획을 열람할 수 있다. 이 사이트에 사고자 하는 땅 주소를 넣으면, 땅 위치, 모양을 파악할 수 있다. 특히 토지 용도를 확인하는 것이 중요하다. 그 땅이 전용주거지역인지, 일반주거지역인지, 녹지지역인지에 따라 건폐율, 용적률이 달라지기 때문이다. 똑같이 대지면적 100평짜리 땅이어도 토지 용도에 따라 건물을 지을 수 있는 각 층 면적의 합이 수십 평이 될 수도 있고, 수백 평이 될 수도 있다. 이 규모를 검토하여, 세대 수와 면적을 정하면 된다.

2. 단독 주택이나 다가구 주택을 노려라!

단독 주택이나 다가구 주택은 소유주가 한 명이다. 우리가 흔히 '빌라'라고 부르는 다세대 주택과 연립 주택은 개별 등기 주택으로 소유주가 여러 명이다. 그런 건물을 사서 부수고 새 건물을 짓는 일은 불가능하다. 아무리 탐나는 입지에 있는 건물이라도 쳐다보지 말자! 인터넷에서 매물을 알아볼 경우, '단독─다가구' 순으로 조회해 보고, 현장 조사를 하면 된다. 드래곤은 이 방법으로 공동체 주택 대상지를 찾아냈다.

3. 범위를 정해 놓고 땅을 물색하라!

땅은 전국에 있으므로, 반드시 범위를 정해 놓고 찾아야 한다. 드래곤의 경우에는 '산집 반경 1km 이내'라는 기준을 잡고 땅을 찾았다. 마땅한 땅이 나오지 않으면, '1.5km'로 범위를 조금씩 넓혀 나갔다. 자기가 살고 싶은 지역의 범위를 설정하여 지속적으로 알아보자.

4. 수도권 도심지에서 공터를 찾으려고 하지 마라!

택지 개발 지구가 아닌 이상, 도심지에서 공터를 찾으려고 하면 안된다. 주택지 한가운데 공터인 땅이 있거나, 짓다 만 건물이 있다면 그런 땅에는 깊은 사연이 있기 마련이다. 건축주가 빚이 있어서 유치권 행사 중이라거나, 근저당권이 잡혀 있는 등 복잡한 권리 관계가 얽혀 있을 가능성이 높다. 초보자들은 그 권리 관계를 풀 능력이 없다. 그런 땅은 쳐다보지 않는 게 좋다.

5. 싼 땅을 기다리지 마라.

땅은 마트에서 파는 공산품처럼 가격이 정확히 정해진 것이 아니다. 전국에 같은 땅은 없고, 공급자도 다 다르다. 극단적으로 말해, 땅에는 소비자 가격이 없다. 어느 정도 '수요—공급' 법칙에 의해 형성된 가격이 있겠지만, 엄밀히 말해 땅값은 공급자 마음에 따라 달라진다. 어떤 땅 주인도, 땅을 싸게 팔 사람은 없다. 공동체 주택을 지으려는 사람들이 땅 가격만 생각하다 보면 점점 이상한 곳을 대상지로 정하게 된다. 가격이 비싸고 싸고를 떠나, 함께 살 사람들이 공동의 가치를 실현할 수 있는 땅을 찾아야 한다. 그런 땅을 찾았다면, 그 땅 주인과 흥정하는 편이 낫다. 땅값 때문에 그 가치를 훼손하면 안 된다.

6. 신도시 단독 주택지 분양에 대해

신도시 단독 주택지에 단독 주택이나 공동체 주택을 지을 수도 있다. 이런 경우 건축물이 없는 땅에 집을 짓기 때문에, 기존 건축물 철거 공사를 하지 않아도 되는 장점이 있다. 또 쾌적하게 구획 정리가 되어 있는 곳에 집을 지을 수 있는 장점도 있다.

하지만 이럴 경우엔 직장, 아이들 학교 등 가족의 활동 영역을 고려해야 한다. 공동체 주택을 지을 경우에는 공동체 주택 입주자들 모두 생활 거점을 그곳으로 옮기는 것이므로 이 점도 상의해야 한다. 우리 같은 경우 산집에서 만난 사이였고, 부모들의 직장도 인천, 부천 지역에 많아 다른 곳으로 삶의 터전을 옮기는 것은 불가능했다.

신도시 단독 주택지는 일부 비인기 지역을 제외하고는 청약 당첨 확률이 어렵기는 하다. 하지만 이 땅을 구할 수 있고, 가족들 혹은 공동체 주택 입주자들만 동의한다면, 신도시 단독 주택지는 집을 짓기에 아주 좋은 땅일 것이다.

7. 건축 허가가 나는 땅인지 확인하라.

우리 동네에서 우리보다 먼저 공동체 주택을 지으려다 큰 낭패를 본 지인들이 있다. 그들은 마땅한 땅을 물색해서 계약을 했는데, 그 땅이 나중에 '맹지(盲地)'로 밝혀져 세대별로 금전적 손해를 보고 공동체 주택 건축을 포기했다. 맹지란 도로와 맞닿은 부분이 전혀 없는 토지로, 건축 허가가 나지 않는 땅이다. 그 땅이 건축 허가가 나려면 주변 땅을 더 사서 도로로 확보해야 한다. 도시 외곽에 있는 건축물 없는 대지(나대지)에 이런 맹지가 가끔 있다. 부동산에서는 매매 계약을 우선시해서 이런 사실을 알리지 않는 경우가 종종 있다고 한다. 땅 구입 전, 토지이용규제정보서비스(luris.molit.go.kr)에 들어가 땅의 모양을 살펴본 후, 땅이 도로에 접해 있는 부분이 있는지 꼭 확인해야 한다. 더 명확한 방법은 각 시·군·구청 건축과에 문의해서 "이 땅은 건축 허가가 나는 땅인가요?"라고 물어보면 된다.

이외에도 소행주 측에서 알려 준 '땅 보는 팁'은 다음과 같다.

1. 북쪽에 도로가 있는 땅은 일조권 제약을 덜 받아 좋다.

2. 토목 공사비가 적게 드는 땅이 좋다.

3. 진입이 편한 땅이 좋다.

4. 이웃과의 관계도 고려해야 한다.

건축가(시행사) 만나다 + 입주 6가구 확정하다

건축가(시행사) 만나다

땅을 산 후, 가장 먼저 해야 하는 일은 건축가(시행사)를 만나는 일이다. 드래곤은 소행주에 문의하여, 산집에서 만남의 시간을 가졌다. 소행주에서 개괄적인 설계도를 포함한 전체적인 사항을 설명했다. 예상 부지에 대략적인 분양가도 책정해 주어, 입주 예정자들은 경제적인 부분을 고려할 수 있었다.

이때 대략 스무 가구 넘게 참여했으며, 산집 조합원이 아닌 가구도 소문을 듣고 찾아왔다. 우리가 선택한 예상 주택지 바로 앞에는 고물상이 있었다. 일부 가구가 소음과 냄새를 걱정했다. 드래곤은 고물상 때문에 망설이는 이들에게 자신 있게 말했다.

"앞으로 이보다 더 안 좋은 환경이 들어설 수 없겠죠? 이제 좋아질 일만 남았어요. 그리고 고물상 덕분에 땅을 싸게 살 수 있어요. 게다가 녹지 지역이라 땅값이 저렴하고, 마당을 만들 수 있습니다."

그때까지만 해도 망설이는 가구들이 많았다. 그들의 고민은 이런 것이었다.

"산집에서 멀어서 고민된다. 나중에 아이가 초등학교 다닐 때 혼자 다니기 힘들 것 같다."

"바로 앞에 고물상이 있어서 분위기가 칙칙하다."

"외진 곳이라 밤에 다니기 무서울 것 같다."

"주택이라 나중에 경제적 가치가 떨어질 것 같다. 내 전 재산을 아파트가 아닌 주택에 투자하는 것이 걱정된다."

"함께 살려면 규칙이 있어야 하는데, 함께 살 일이 걱정된다. 입주자들끼리 싸우면 어떡하나?"

드래곤은 간담회에 참석한 가구들로부터 이런저런 말들이 계속 나오자, 이런 논의가 불필요하다고 생각했다. 객관적인 정보를 전달했으니, 모든 선택은 개인의 몫이라고 판단한 것이다. 집을 짓기로 마음먹었다면 어떤 땅을 선택해도 한 가지 이상의 단점은 있는 법이다. 어느 시점에 다다르면 과감하게 선택해야 한다.

할 사람만 남아!

시행사와 만남 후, 드래곤이 참석 가구들에게 말했다.

"집을 함께 지으실 분만 남아 주십시오."

할 건지 말 건지 확실히 결단을 하라는 말이었다. 카리스마 있는 드래곤의 말에 순번이 되는 여섯 가구 중 두 가구가 포기했다. 다음 순번 두 가구가 들어왔다. 여섯 가구 모두 단점을 감수하고서라도 주어진 조건에서 집을 짓겠다고 다짐한 가구들이었다.

지금 돌이켜 생각해 본다. 집을 지을 마음이 확실하지 않은 사람들이 '땅이 가진 여러 제약들, 경제적 불안감, 함께 살면서 생길 일에 대한 걱정'에 대해 계속 논의했다면, 일 진전이 어려웠을 것이다.

마음을 확실히 정한 여섯 가구가 남았다. 이들이 공동체 주택에 참여하게 된 이유는 다음과 같았다.

왜 공동체 주택을 짓게 되었나요?

"아이들 다 큰 후에 마당 있는 집에 살아서 뭐해? 지금 짓자!"

손도끼 · 참새네 : 손도끼는 공동 육아를 하며 '이런 사람들과 함께라면 모든 일을 할 수 있겠다'는 믿음이 생겼다. 그랬기에 다른 가구와 같이 사는 것이 부담스럽지 않았다.

반면, 부인 참새는 처음에는 반대했다. 참새는 스스로 개인주의적인 사람이라고 했다. 번잡스럽게 사는 것은 딱 질색이었다. 산집 생활 8년 차, 좋은 점도 많지만 해야 할 일도 많은 조합원 생활에 피로감이 몰려들 때였다.

"난 공동 육아의 '공' 자만 들어도 싫어."

하지만 마음 한구석에는 언젠가 '마당 있는 집'을 짓겠다는 꿈이 있었다. 참새는 어려서부터 아파트에서만 살아 주택에 로망이 있었다. 아이들 크는 동안은 도시를 못 벗어날 텐데, 아이들 다 크고 나이 육십 넘어서 외곽에 전원주택을 지으면 무슨 의미가

있을까, 하는 생각도 들었다. 참새는 아이를 산집에 보낸 이유도 아이들이 '흙을 밟고 놀 수 있어서'였다. 아이들이 이 마을 사람들과 함께 컸으면 하는 마음도 있었다. 산집 사람들 중에서도 아이가 졸업하면 다른 좋은 교육 환경을 따라 이사 가는 사람들이 있었는데, 참새는 그러고 싶지 않았다. 망설이는 참새에게 남편 손도끼가 힘주어 말했다.

"이번에 평생 살 집 짓자. 이 집에서 사람들하고 어울리면서 노년에도 외롭지 않게 살자."

참새는 그 말에 설득당했다. 그렇게 평생 살, 마당 있는 집을 꿈꾸며 공동체 주택에 합류했다.

"층간 소음 갈등 없는 곳에서 살고 싶다"

누렁소 · 또치네 : 공동체 주택 논의가 시작된 시점, 또치는 아파트 층간 소음 때문에 아래층과 2년간 실랑이를 벌이고 있었다. 아래층에 사는 젊은 부부가 또치네에서 나는 소리 때문에 신경이 쓰인다며 매번 따지러 올라왔다. 아이 생일날, 외식을 하고 막 집으로 돌아온 순간, 경찰이 들이닥쳤다. 아래층에서 층간 소음으로 신고했다고 했다. 또치는 그 순간 격렬하게 아파트를 떠나고 싶다는 충동을 느꼈다. 공동체 주택에 함께 살 가구들 중에 딱히 친한 가구는 없었지만, 산집 식구들이라는 이유만으로 믿음이 갔다.

남편 누렁소는 서산 바닷가에서 자랐는데, 어릴 때 동네 형, 누나들과 하루해가 짧도록 논 기억이 있었다. 아이들도 공동체 주택이라는 작은 마을에서 자랐으면 좋겠다는 생각을 해서 합류하게 되었다.

"좋은 사람들과 함께, 이 마을에서 살고 싶다"

파랑·살구네 : 파랑네는 부천 신중동역 근처 오피스텔에서 9년을 살았다. 내 집 마련은 돈을 모아, 결혼 10년 차쯤 하기로 했다. 내 집 마련의 시기가 다가오자, 여러 아파트 단지를 돌며 '내 집'이 될 장소를 물색하고 다녔다. 살구 직장이 있는 인천에서 마음에 드는 아파트 단지를 발견했다. 단지가 깔끔하고 조용했다. 공원도 있고 녹지도 풍부해 보였다. 하지만 해결이 안 되는 부분이 있었으니 바로 '다른 사람들과 어울리며 살고 싶다'는 욕구였다. 아파트 단지에 살면 자기 가족만 그곳에서 살아야 한다는 점이 마음에 걸렸다. 파랑은 산집 생활을 하며, 아빠들과 많이 어울리기로 유명한 사람이다. 그런 그였기에, 산집 졸업 후에 이 동네 사람들과 헤어진다는 게 아쉬웠다. 잠시 내 집 마련을 미루고, 산집 근처에 전셋집을 알아보기 시작했다. 그 시점에 공동체 주택 이야기가 나왔다. 그 말에 파랑은 바로 합류 의사를 밝혔다.

반면 부인 살구는 공동체 주택에 대한 의지가 없었다.

"소행주인지 별똥별인지 사기꾼 아니야? 우리 돈 갖고 튀면 어떡해? 요즘 협동조합으로 집 짓다가 전 재산 날린 사람들도 있다는데. 내가 그 회사를 어떻게 믿어?"

살구는 시행사인 소행주를 의심하며 며칠간 잠을 설쳤다. 하지만 살구가 마음을 돌이킨 건 파랑의 강한 의지 때문이었다. 파랑과 살구는 대학교 캠퍼스 커플인데, 살구 눈에 파랑이 '내가 무엇을 해야겠다'고 굳은 의지를 보인 일은 이게 처음이었다고 한다. 살구는 이후로도 한참 망설이다, 남편 파랑 때문에 마지못해 동의했다.

"좋은 아파트는 돈 주고 살 수 있지만, 좋은 이웃은 돈 주고 못 산다"

로이 · 미키네 : 아파트 생활 수년 차, 미키는 어느 순간 아파트가 갑갑하게 느껴졌다. 아파트는 건설사 이익을 대변하는 곳이지, 그곳에 사는 사람들을 위한 공간이 아니라는 생각이 들었다. 미키네는 소유하고 있는 아파트가 있었지만, 살고 있던 전셋집 계약 만료 기간이 다가오자, 대안을 찾고자 노력했다. 그러던 중, 공동체 주택 이야기를 듣고 합류하기로 결심했다. 좋은 아파트는 돈 주고 살 수 있지만, 좋은 이웃은 돈 주고 살 수 없다고 생각했다.

남편 로이는 이렇게 말했다.

"저는 산집에도 부인에게 끌려왔고, 공동체 주택에도 부인에게 끌려왔어요. 꿈은 귀족인데, 현실은 상머슴인 제 처지를 아시나요?"

말은 그렇게 했지만, 그는 산집에 올 때도 아이들이 마음껏 자연에서 뛰어노는 곳이라 해서 두말하지 않고 왔다. 그는 어릴 때, 골목 곳곳과 운동장에서 하도 뛰어다닌 덕에 아킬레스건이 아파서 집에서는 기어 다녔다고 한다. 노느라 밥 먹는 시간도 아까워서 밥도 안 먹고 놀았다고 한다. 도시락을 남겨 가면 엄마한테 혼날까 봐 도시락에 모래를 뿌려 가기도 했단다. 지금 아이들은 아파트에 갇혀 살고, 학원 다니느라 그런 기억을 못 갖고 사는 게 안타까웠다. 로이는 아이들에게 '마당에서 마음껏 뛰어놀 수 있는 유년'을 선물해 주고 싶어서 공동체 주택에 합류했다.

"함께 마을을 만들자"

드래곤·초록네 : 초록은 대안적인 삶에 관심이 많았다. 원래는 성미산 마을에 들어가 살고 싶었다. 하지만 송내동에도 산집, 산방과후, 산학교 등 공동 육아 교육 기관이 있고, 마을 카페도 생기는 등 이곳에서도 마을을 만들 수 있겠다는 희망이 보였다. 초록과 드래곤은 공동체 주택을 지어, 사람들과 함께 마을을 만들면 좋겠다는 생각을 했다.

"같은 동네에 살아도 이렇게 재미있는데, 같이 살면 얼마나 더 재미있을까?"

얼룩말·앵무새네 : 얼룩말은 공동 육아 생활을 하며 사람들과 어울려 사는 재미를 만끽했다. 산집 아빠들은 종종 퇴근 후, 자기들이 고등학생이라도 다시 된 양 어울렸다. 산집 아빠들은 송내동에 있는 피시방과 당구장을 돌아다니며, 최강 브로맨스를 보여주었다. 그들은 종종 이런 말을 하며 서로의 퇴근 이후 시간을 유혹했다.

"내 몸이 스타크래프트 단축키를 기억해."

"노안 오기 전에 빨리 게임 더 하자."

"형님들, 저 올 때까지 당구장 가지 마세요."

"저, 지금 중동역에서 내려요. 한잔하실 분?"

얼룩말은 땅 계약을 하기도 전에, 공용 공간에 놓을 거라며 당구대 시세를 알아보았고, 공동체 주택을 마을 아지트로 삼을 계획을 세웠다. 좋은 동네에서 좋은 사람들과 함께 살면 재미있을 것 같았다.

> 나는 사람들과 함께 사는 것도 좋을 것 같았지만, 아이가 자라
> 면서 내 집 마련의 시기가 온 것 같아 '내 집 마련'에도 큰 의미를
> 두고, 공동체 주택에 합류했다.

여섯 가구 첫인상

내 지인들은 함께 살 가족들을 같은 어린이집에서 만났다고 하면, 이렇게 말하며 부러워한다.

"너희끼리 엄청 친했나 보다. 나는 공동체 주택 지으려면 생면부지인 사람들을 모아야 하는데."

하지만 엄밀히 말해 나는 미키네를 제외하면, 다른 가족들과는 얼굴만 아는 사이였다. 내가 함께 살 다섯 가구를 만난 첫인상은 엄청 의젓하고 성격 좋은 언니, 오빠들을 만난 느낌이었다. 함께 이야기를 나누다 보니 마음이 편해졌다. 열두 명 엄마, 아빠 중 우리 부부보다 나이가 어린 사람은 살구뿐이었다. 살구도 차분한 성품이어서 나보다 진중해 보였다. 까부는 이는 우리 부부와 미키 뿐이었다. 이때 나는 이런 생각을 했다.

'다들 인격이 좋은 분들 같다. 함께 살게 되면 우리 부부의 포지션은 막내겠다. 우리 부부만 잘하면, 잘 살겠다.'

그날, 이 여섯 가구는 함께 집을 짓기로 확정했다. 새벽까지 설레는 마음을 나누고 헤어졌다. 이후 이 멤버는 처음부터 끝까지 한 가구도 이탈하지 않고 지금까지 유지되고 있다.

Tip. 공동체 주택 시작 시점에 중요한 세 가지

　시작이 반이라는 말이 있다. 하지만 공동체 주택을 짓고 싶은 많은 사람들이 시작해 보기도 전에 포기하는 경우가 많다. 그 시작 과정이 지난하기 때문이다. 도대체 누구랑, 어디에 집을 지어야 한단 말인가? 한 사람이 의욕을 갖고 다른 사람을 모아 보지만, 사람들마다 원하는 기대치가 다르고, 고민 지점도 다르다. 나는 주변에서 땅 계약을 목전에 두고, 공동체 주택 준비 모임이 해체되는 경우를 여러 번 보았다. 공동체 주택 추진 대표가 어렵게 구성원을 모으면, 꼭 한두 명이 이런 말을 하며 뛰쳐나간다.

　"저희 남편이 이거 절대 못 하겠대요."

　"저희 애 학교 문제 때문에 못 하겠네요."

　"아무리 생각해도 용기가 안 나요."

　그러면서 모임이 와해된다.

　공동체 주택 시작 시점이라면 이 세 가지를 유념해야 한다.

첫째, 리더가 있어야 한다.

　고등학생들이 수행평가 조별 모임을 할 때도 리더 한 명이 주도해야 원하는 결과를 이룰 수 있다. 특정 사람에게 일을 떠넘기자는 것이 아니라, 누구 한 명은 구심점이 되어야 일이 추진된다는 이야기다. 드래곤의 경우는 건설 회사 종사자여서 더 일 처리가 빨랐지만, 꼭 건설 관련 종사자가 아니어도 된다. 단독 주택을 짓는 경우는 건축주 한 명이 건축가, 시공사와 직접 이야기를 하면 된다. 공동체 주택의 경우, 여러 가구가 시공사와 의견 조율을 해야 한다. 각 가구들이 개별적으로 소통할 부분도 있고, 전체적으로 소통할 부분도 있다. 이때 중간에서 의사소통을 원활하게 해 줄 사람이 있다면 훨씬 일 처리가 빨라진다. 또, 리더가 의사 결정을 해야 할 시기에 구성원 간의 합의를 도출하고 의사 결정을 내려야 건축이 진행된다. 이런 의미에서 추진력 있는 추진위원장을 한 명 추대하면 일 처리가 빨라질 것이다.

둘째, 함께 살 가구 확정이 중요하다.

함께 살 사람을 모집하는 방법은 크게 두 가지다. 첫째, 어린이집·학교·교회·마을처럼 공동체 단위에서 대상자를 찾는 방법이다.

둘째, 특정 지역에 공동체 주택을 짓고 싶은 사람이 소행주 카페나 주택협동조합 카페 등을 활용하여 입주자를 모집할 수 있다. 공동체 주택이 처음 시작된 북유럽의 경우, 보통 마을 신문을 통해 입주자들을 모집한다고 한다.

참여 희망 가구가 모였으면, 건축가나 시행사를 초청해 간담회를 하는 것이 중요하다. 집은 어디에 지을 것인지, 비용은 어느 정도 드는지 대략의 계획이 나와야 일을 추진할 수 있다. 단순하게 '이런 집에 살고 싶어요'라는 꿈만 나누면 흐지부지되기 쉽다. 희망 가구들과 몇 번 더 만난 후, 어느 정도 함께 살 사람들이 정해졌다면 '드래곤식 질문'을 대상 가구에 던져 보는 것도 가구를 확정하는 데 도움이 될 것 같다.

"대략적인 계획이 나왔습니다. 이 점 고려하여, 확실히 공동체 주택에 참여하실 가구만 남아 주세요."

셋째, 가치관을 솔직하게 이야기해야 한다.

주변에서 공동체 주택을 추진하다 무산되는 경우는 주로 가치관이 달라서인 경우가 많았다. 집을 경제적 관점으로만 접근하는 입주 희망자가 있는 경우, 다른 입주 희망자들과 사이가 틀어지는 경우를 종종 보았다. 시작 시점에서 입주 희망자들끼리 허심탄회하게 공동체 주택에 대한 바람을 이야기해 보는 자리가 필요하다.

2015. 4. 3. (D-329)

땅 사다

다음 날 4월 3일, 드래곤이 땅을 샀다고 연락을 해 왔다.

산집에서 차로 5분, 걸어서 15분 거리에 있는 자연녹지지역 땅이었다. 땅은 소행주 명의로 구입했다. 앞서 말한 것처럼 197평(653㎡)이었는데, 가격은 8억 5천만 원이었다.

집 주인아저씨가 상가를 사서, 잔금을 치르려면 돈이 필요하다고 했다. 주인아줌마는 이 집에 오래 살아 정이 들어 집을 팔기 싫어한다고 했다. 아저씨가 아줌마 몰래 집을 처분하는 모양새였다. 드래곤은 집값을 깎으려 들었다가는 아저씨가 집을 팔지 않을 거라고 직감해서, 더 이상 흥정하지 않고 땅을 사기로 했다.

땅을 샀다는 소식을 듣고 그날 오후, 여섯 가구는 집을 둘러보러 갔다. 집을 짓기로 한 날부터 가슴이 두근거렸는데, 땅을 샀다니 더욱 설렜다. 거마산 자락 경사 지역이 시작되는 부분에 있는 3층짜리 벽돌집이었다. 문을 열고 들어가자 무성하게 자란 나무들이 눈에 들어왔다. 이곳 주인은 막 초로에 접어든 부부였다. 이 집에서 3대가 살다가 부모님은 돌아가시고, 자식들은 장성해 떠나 부부 둘만 산다고 했다. 함께 간 아이들은 마당 여기저기 흩어져 어울려 놀았다. 아이들은 확실히 어른들보다 더 빨리 친해지는 것 같았다.

여섯 가구, 우리는 한배에 탔다. 이제 공동체 주택 짓기, 시작이다!

2. 평수 합의, 계약서 쓰기

2015. 4. 7. (D-325)
20분 만에 층, 평수 정하다

우리가 구입한 땅 건폐율은 20%였다. 대지는 197평(653㎡)인데 집을 지을 수 있는 평수는 한 층당 약 39.4평이다. 총 4층까지 지을 수 있어서 건축 총면적은 약 157.6평이었다. 이 중 커뮤니티실, 계단실을 뺀 평수를 여섯 집으로 나누면 산술적으로 평균 20평 초·중반이 나왔다. 기존에 30평대 아파트에 살았고, 아이가 둘인 가구에게는 좁게 느껴지는 평수였다.

소행주 측에서 분양가를 책정해 왔다. 같은 평수라도 1층이 분양가가 낮고, 위로 올라갈수록 분양가가 높아졌다. 위층으로 갈수록 전망, 안전성, 채광이 좋아져 비싸다고 했다. 아파트 1, 2, 3층 저층 분양가가 낮은 것과 같은 이치였다.

한번은 우리가 집을 다 짓고 나서 부산에서 공동체 주택을 추진하려는 아기 엄마가 우리 집에 찾아온 적이 있다. 그곳도 여섯 가구가 함께 살기로 하고 적당한 땅을 계약했다고 했다. 그 엄마가 나에게 충별로 어떻게 분양가를 책정했는지 물어보았다.

내 친구도 2층 단독 주택을 지인과 함께 구입해서 살려고 하는데, 1, 2층 평수가 달라 어떻게 돈을 지불해야 할지 고민이라고 했다. 이런 경우, 여러 건축 시공사에서 어떤 기준으로 층별 분양가에 차등을 두는지, 업체에 자문을 구하는 것이 좋다.

Tip. 분양 면적, 전용 면적 제대로 알기

우리는 알게 모르게 '25평, 32평' 같은 아파트 면적에 익숙하다. 처음 평수를 정할 때 '전용 면적 18평, 22평, 25평' 이런 이야기를 들었을 때는 '좁다'는 생각이 강했다. 나중에 알고 보니 우리가 흔히 32평 아파트라고 부르는 평수는 '분양 면적'이었다. 이 면적 안에는 계단, 복도, 엘리베이터, 관리 사무실, 노인정, 지하실 등이 모두 포함되어 있다. 아파트에서 방, 화장실, 부엌, 거실 등 실제로 사용하는 면적은 '전용 면적'이라고 한다.

아파트 분양 면적 32평의 전용 면적은 대개 25평이다. 아파트 분양 면적 25평의 전용 면적은 대개 18평이다. 따라서 주택을 지을 때, 전용 면적 25평이면, 우리가 아파트 32평으로 알고 있는 그 실내 평수만큼이 된다. 우리 집 전용 면적은 18평인데, 이는 아파트 분양 면적 25평형 실내와 비슷한 크기다.

우리 여섯 가구는 가장 먼저, 현재 가지고 있는 돈과 최대한 지불할 수 있는 돈, 원하는 평수를 솔직하게 '까는' 일부터 시작했다. 이런 이야기가 오갔다.

"저희는 돈은 상관없이 큰 평수였으면 좋겠습니다."

"저희는 가진 돈이 이 정도인데, 이 돈을 넘지 않았으면 합니다."

우리는 서로의 요구를 확인했다. 소행주에서 짜 온 구조는 저만치 내팽개쳤다. 머리를 맞대고 구조를 그리기 시작했다. 나는 산집 총회에서 어떤 문제가 있을 때, 조합원들이 합의해서 최선의 결론을 도출하는 것을 보았다. 이곳에서도 이렇게 회의를 하다 보면 내 경제 사정에 맞추어 집을 지을 수 있을 거라고 막연히 믿었다.

한 층에 약 35평의 전용 공간이 있었다. 총 35평*4층=140평가량이 총 전용 면적이었다. 이를 여섯 가구가 나누어야 했다.

조금이라도 더 싸게, 넓게 짓고 싶은 게 사람의 욕심 아닐까? 열심히 구조를 짜는 사람들에게 추진위원장 드래곤이 한마디 했다.

"전 남는 층, 남는 평수 가져가겠습니다."

오잉? 뭐지? 이 훈내 나는 배려는? 감동이 와락 우리를 덮쳤다. 드래곤은 말을 이었다.

"저도 이왕이면 넓은 평수가 좋겠지만, 저는 여러분들이 다 고르시고 남는 층, 평수 하겠습니다."

통 큰 배려였다. 남는 평수와 층수를 가지겠다니!

나중에 드래곤에게 들은 이야기인데, 드래곤은 이 일을 주도해서 했기 때문에 우리 건물에서 어디가 유리한지 대략 알고 있었다고 한다. 우리는 건폐율 때문에 엘리베이터를 놓을 수 없었다. 드래곤은 내심 2층의 큰 평수를 원했다. 하지만 자기는 아이가 한 명뿐인데, 욕심을 낼 수 없다고 생각했다. 이 공동체 주택이 완성되려면, 누군가는 양보하는 게 맞다고 생각했다.

살구는 다리가 조금 불편했다. 다른 가구들이 나와 살구네에게 1층을 권했다. 1층은 발코니도 설치할 수 있다고 했다. 좁은 평수라도 발코니가 있어서 괜찮겠다 싶었다. 다른 층은 용적률 때문에 발코니를 설치할 수 없었다.

가격도 적당하고, 발코니도 준다니 나와 살구는 1층에 입주하고 싶다는 의사를 밝혔다. 혹시나 해서 같은 평수가 2, 3, 4층으로 갈 경우 금액도 소행주 측에 물어보았다. 금액이 천만 원 단위로 훅훅 올라갔다.

손도끼네는 넓은 평수를 원했다. 2층이 제일 넓은 30평이었다. 손도끼 네가 1층으로 내려갈 경우 분양가를 물어보니, 몇천만 원 가량이 내려갔다. 그때 손도끼가 조용히 말했다.

"저희는 2층으로 하겠습니다."

손도끼 부인 참새도 고개를 끄덕였다.

제일 나이 많으신 두 분이 먼저 양보를 한 덕분일까. 역시나 큰 평수를 원했던 또치네도 선뜻 남은 3층 22평을 하겠다고 했다. 미키네는 13평씩 26평 3, 4층 복층을 원했다. 드래곤네는 4층 22평에 들어가기로 결정했다.

사실 높은 층으로 가면 전망도 좋고 햇빛도 잘 들어오겠지만 오르

락내리락하는 게 보통 일이 아닐 터였다. 다시 생각해도, 다른 가구에서 베풀어 준 배려가 감사할 뿐이다. 단 20분 만에 평수와 층수가 결정되었다. 드래곤 부인 초록은 이날 참석을 못 했다. 나중에 드래곤에게 20분 만에 평수와 층수가 결정되었다는 소식을 듣고 이렇게 말했다.

"아, 이 사람들하고는 같이 살아도 되겠구나."

집을 만드는 과정에서 누군가는 조금씩 양보해야 하는 상황이 온다. 하지만 '통 큰 배려'를 받은 경험이 있으면 이후 작은 일에는 다들 조금씩 양보하게 된다.

공동체 주택 완공 후, 1년이 지나자 우리 땅 용도가 바뀌었다. 토지이용계획확인원을 확인해 보니, 우리 땅 용도가 '자연녹지지역'에서 '제1종전용주거지역'으로 변경되어 있었다. 건폐율이 20%에서 50%로 늘어났다. 그동안 건폐율 때문에 엘리베이터를 못 놓았는데, 우리도 이제 엘리베이터를 놓을 수 있게 되었다. 이 사실을 듣고, 1층 두 세대가 입주자 회의 때 먼저 말을 꺼냈다.

"위층 세대 오르내리기 힘드니까 엘리베이터 함께 설치해요."

나는 3층에 사는 누렁소가 양손에 생수 꾸러미를 들고 갈 때, 4층에 사는 미키, 드래곤이 장 봐서 힘들게 올라가는 모습을 볼 때 정말 안타깝다. 미키가 이 집에 살면서 제일 절망스러운 순간이 '4층에서 지하까지 내려왔는데, 차 키를 집에 두고 왔을 때'라고 말할 때 그냥 웃어넘기기에는 조금 슬펐다. 드래곤은 먼저 말을 꺼내 준 1층 두 세대에게 고마워했다.

"1층 세대가 엘리베이터를 타면 얼마나 타겠어? 그런데도 엘리베이터 놓자고 하니까 고맙네."

나는 '배려의 선순환' 그 시작점이 바로 층수와 평수를 정할 때라고 생각한다. 이렇게 배려를 받고 집 짓기를 시작한 순간부터, 입주자들 마음속에 '나'보다는 '우리'를 생각하는 마음이 커져 있었다.

우리 경우는 빨리 끝났지만, 층수, 평수를 정하는 문제는 공동체 주택을 짓는 전 과정에서 가장 예민한 문제라고 할 수 있다. 시간이 오래 걸리더라도 모든 가구가 최대한 솔직하게 자기 가구의 경제적 형편, 층과 평수에 대한 욕구를 이야기해야 한다. 그 후, 합의점을 찾아나가는 게 좋다. 처음부터 제비뽑기나 사다리타기, 가위바위보로 층수, 평수를 정해 버리면 공동체 주택을 짓기 시작하는 시점부터 감정이 상할 수도 있다.

소행주 카페에 어떤 분이 올린 글을 보았다.

"저는 지난번에 지은 공동체 주택에 들어가고 싶었는데, 너무 비싸서 못 들어갔어요. 작은 평수라도 들어갈 수 있었으면 좋겠어요."

공동체 주택의 최대 장점은 층과 평수를 참여 세대가 합의해서 정할 수 있다는 점이 아닐까. 우리도 애초에 시행사 측에서 제시한 구조가 있었지만, 각 가구의 형편에 맞게 공간을 재구성했다. 함께 살려는 이들과 소통하려는 마음이 있다면, 각자의 경제적 여건에 맞추어 함께 살 수 있는 방법이 반드시 생길 것이다.

계약서 쓰다

몇 평, 얼마면 되나요?

4월 8일 계약서를 썼다. 많은 분들이 구체적인 평수와 금액을 궁금해하여 101호의 계약 내용을 공개한다.

구분		면적 (㎡/평)	
건물	전용 면적	57.09㎡ (17.27평)	
	공용 면적	계단실	7.39㎡ (2.23평)
		커뮤니티실	3.77㎡ (1.14평)
	분양 면적	68.25㎡ (20.64평)	
대지	토지 지분	71.985㎡ (21.77평)	
분양대금 총액		204,530,000원	

101호의 경우, 전용 면적, 그러니까 101호가 실제 거주하는 집의 크기는 57.09㎡(17.27평)이었다. 나중에 신발장 위치를 조정하여, 실제 평수는 전용 면적 18평으로 올라갔다.

계단실은 7.39㎡(2.23평)를 차지했다. 각 가구는 공용 공간인 커뮤니티실에 3.77㎡(1평)을 기증했다. 총 건물 분양 면적은 68.25㎡(20.64평)이었다.

땅 지분은 분양 면적에 비례하여 책정했다. 101호의 토지 지분은

71.985㎡(21.77평)이었다. 토지 비용, 건축 비용 포함하여 소행주에 낼 돈 즉, 분양가는 204,530,000원이었다.

분양가에 포함 사항, 불포함 사항

다음은 건물을 다 짓고 난 후, 위 분양 대금에 포함된 금액과 불포함 금액을 정리해 본 것이다.

분양 대금 포함 사항	땅값, 건축 설계비, 자기 집 건축비, 커뮤니티실 포함 공용 공간 건축비, 싱크대·조명·창문·변기·수전 등 기본 시설, 도배, 장판 등 기본 마감재
분양 대금 불포함 사항	지하 건축비, 마당 조경, 시공 금액에 포함된 기본 시설을 고급형으로 할 경우 추가 비용 발생

집에 있어야 하는 기본적인 시설들은 모두 분양 대금에 포함되었다. 다른 일반 주택과 다른 점은 커뮤니티실을 각 가구가 1평씩 기증한 공간으로 만들었다는 점이다. 이 비용도 분양 대금에 포함되었다.

다만, 우리 경우는 지하 공간을 나중에 짓기로 했기 때문에 그 비용은 별도로 냈다. 기본 마감재는 기본형으로 제공되었고, 더 비싼 제품을 쓸 경우는 차액만큼 추가로 지불했다.

지하층을 파기로 하다

땅이 경사지에 있어서 마당이 약간 기울어진 상태였다. 시공사 자담 측에 최대한 마당을 평평하게 맞추어 달라고 요청했다. 그래야 아이들이 뛰어놀 수 있기 때문이었다. 자담 측은 마당을 맞추는 작업과 함께 지하층 파기를 권했다. 일반 집에서 지하층을 파는 것은 부담스러우나, 경사지는 한쪽 면이 깎여 있어서 지하층을 파는 것이 수월하다고 했다. 또한 건물의 안전성 측면에서도 지하층이 있는 것이 좋다고 했다. 드래곤이 이렇게 말했다.

"이제 우리나라도 지진 안전지대가 아닙니다. 지진이 날 때, 지하부터 서 있는 건물이 안전하겠습니까, 아니면 그냥 지표면 위에만 건물이 있는 게 안전하겠습니까? 당연히 지하가 있는 건물이 안전하죠."

내진 설계라는 게, 건물을 만들 때 더 깊이 파고, 벽 두께를 더 두껍게 하는 것이라고 했다. 지하가 생기면, 지하가 건물의 하중을 견뎌 건물의 안전성이 높아진다고 했다. 지하는 건축법상 용적률, 건폐율에 포함되지 않는 서비스 면적이라는 것도 처음 알았다. 단, 열선은 깔지 못한다. 지하를 파면, 활용할 수 있는 공간이 생긴다는 장점이 있었다. 우리는 워낙 빠듯한 평수로 각 세대를 설계했다. 지하가 생기면, 창고 공간도 마련할 수 있고, 기타 필요한 시설도 지을 수 있겠다 싶었다. 건물 높이가 더 올라가 저층 세대의 사생활이 더 보호된다는 장점도 생겼다.

여섯 가구는 머리를 맞대고 논의를 했다. 지하 공간이 생긴다면 이래저래 좋겠지만, 문제는 돈이었다. 지하층을 파는 데 드는 비용은 약 1억 800만 원이었다. 세대별로 1800만 원 정도 추가 부담금이 생겼다. 1800만 원이 크다면 큰 금액이고, 적다면 적은 금액이지만, 이 돈을 내고 지하층을 활용할 수 있다고 생각하니 결론이 났다. 여섯 세대는 지하층을 파기로 합의했다. 지하는 상가(근린 생활 시설)로 등록하고 용도는 차차 생각하기로 했다.

건축 비용 외에 드는 비용도 준비하라

건축 비용을 고려할 때, 미리 생각해 두어야 할 소소한 팁이 있다. 좁은 평수의 집일 때, 기성 가구나 가전제품이 맞지 않는다는 점이다. 남편은 머리를 싸매고 주방 공간을 설계하다가 비명을 질렀다.

"앗! 냉장고가 들어갈 자리가 없어!"

주방 공간에 800리터짜리 대형 냉장고와 355리터 김치 냉장고가 들어가면 수납공간이 부족했다. 냉장고를 억지로 욱여넣는다고 해도, 불뚝 튀어나와 보기 싫을 것 같았다.

"냉장고 없이 살아 보자. 김치 냉장고만 있으면 되잖아."

나는 의욕적으로 진짜 그러려고 했다. 남편이 고개를 가로저으며, 나의 아킬레스건을 건드렸다.

"자기가 정말 부지런한 사람이라면 김치 냉장고만 있어도 돼. 냉장고 없이 사는 사람들은 그날 장 봐 온 거 그날 조리해 먹으며 사는 사람들이야. 자기가 그럴 수 있겠어?"

나는 그럴 수 있는 사람이 아니다. 결국 남편은 255리터 붙박이 냉장고를 주문했다. 딱 싱크대 한 칸 크기의 작은 냉장고였다. 냉동실은 예전 냉장고 냉동실의 10분의 1 크기였다.

4인용 가죽 소파도 거실에 놓을 수 없었다. 드레스 룸도 최소한의 공간으로 짜서, 15자 장롱은 들어갈 자리가 없었다. 공간을 구성하면서 남편이 이런 이야기를 많이 했다.

"가구 하나만 봐도, 우리나라는 참 획일화되어 있는 것 같아. 모든 가구, 가전제품들이 아파트 생활자들에게 맞게 제작된 느낌이야."

맞는 지적이었다. 아파트에 살 때는 어느 평수에 상관없이 그렇게 쏙쏙 들어가던 가구, 가전들이 내가 살 집에는 죄다 맞지 않았다.

냉장고는 이사 올 때 지하에 기증했고, 우리 집 소파는 산방과후에서 들고 갔다. 장롱도 필요한 분에게 주었다. 필요 없는 물건은 버리고, 잘 안 쓸 물건은 모두 창고로 내리니 그럭저럭 짐이 다 들어갔다. 책장, 드레스 룸을 붙박이로 제작했다. 소파, 안방 침대, 아이 침대 아래에도 수납 시설을 짜 넣었다.

Tip. 실속 인테리어! 수납과의 전쟁, 650만 원에 끝내기

전용 면적 20평 이하 작은 집을 짓는 세대의 경우, 가지고 갈 가구·가전, 새로 짤 가구·가전을 고려해 공간 설계를 해야 한다. 필요에 따라 수납공간이 딸린 가구를 짜야 하는데, 집을 지을 때 이 비용도 미리 계산하여 예산에 넣어야 한다.

싱크대 : 싱크대는 실내 인테리어에서 가장 큰 비중을 차지한다. 시공비에 포함된 기본 싱크대 금액은 350만 원이었다. 싱크대에서 이 이

상 비용이 들어갈 경우 각 세대가 부담해야 했다.

우리 여섯 가구는 어느 토요일, 한 브랜드 싱크대 회사를 방문했다. 한류 스타 여배우가 광고하는 곳이었다. 주말인데도 건물 곳곳에서 직원들이 고객 상담을 하고 있었다. 회사 운영비만 해도 엄청나겠다는 생각이 들었다. 각 가구는 싱크대를 둘러보았다. 견물생심이라고 했던가. 저렴한 제품은 눈에 들어오지도 않았다.

중간급 정도 되니 드디어 마음에 드는 제품들이 나타났다. 우리 평수에는 아일랜드 식탁 없이 싱크대만 사도 최소 650만 원 정도 했다. 그 이상 가는 제품은 이름부터 무슨 독일의 고전주의 작곡가 이름을 딴 웅장한 것이었다. 가격이 중형차 한 대 가격을 뛰어넘는 모델도 있었다. 수납장에 손만 대도 수납장 문이 열렸다. 싱크대의 트랜스포머라고나 할까. '굳이 싱크대를 이렇게 열어야 하나?'라는 생각이 잠시 들기도 했다.

드래곤이 직원 한 명을 붙잡고, 우리 여섯 집 상담을 요청했다. 직원은 그다지 반기는 낯빛이 아니었다. 도면을 보니 평수도 다 좁아 보이고, 도면도 제각각이어서 그런 것 같았다. 아파트에는 평형 별로 기성품 싱크대를 가져다 설치만 하면 되는데, 우리 집은 자체 제작을 해야 한다고 했다. 직원은 도면 검토 후 연락 주겠다는 말을 했다. 우리가 나가는데도, 딱히 우리를 아쉬워하지 않는 눈치였다. 미키네가 국내 다른 유명 브랜드도 다녀왔는데, 가격도 비싸고, 생각보다 싱크대 모델이 다양하지 않다고 했다.

그 다음 주, 소행주 협력 업체를 찾아갔다. 공장에서 직접 싱크대를 제작하는 곳이었는데, 그곳에서 집 도면에 맞게 제작해 준다고 했다. 싱크대 디자인이 브랜드 디자인과 큰 차이가 나지 않았다. 여섯 가구 모두 이 협력 업체에서 싱크대를 제작하기로 했다. 가성비가 좋아 보여, 이곳에서 후드와 아일랜드 식탁도 제작하기로 했다.

싱크대 상판도 종류별로 다양한 제품들이 많았다. 처음 엄마들은 대리석을 깔고 싶어 했다. 알아보니 대리석이 멋지긴 하지만, 흠집이 잘 나고, 뜨거운 그릇이 닿으면 변형이 오거나 깨지기 쉽다고 했다. 또 싱크대 사이즈에 맞게 대리석을 잘라야 해 제작비가 많이 들었다. 다음 우선순위는 스테인리스 상판이었다. 스테인리스가 저렴하다는 장점이 있지만 얼룩이 묻으면 잘 지지 않는 단점이 있었다. 게다가 살에 닿는 부분이 겨울에는 찰 것 같았다. 마지막은 인조 대리석이었다. 가격 대비 관리가 수월하다고 했다. 싱크대를 모시고 살 것이 아니었기에, 결국 여섯 집 모두 인조 대리석 상판으로 결정했다.

드레스 룸 및 화장대 : 한쪽 벽면은 붙박이장을 설치했고, 다른 쪽 벽면은 문을 달지 않은 수납장을 짰다. 수납장에는 옷걸이에 걸기 힘든 스웨터, 티셔츠류를 접어 넣었다. 또 다른 벽 좁은 면에는 행거를 두었고, 그 아래에는 수납장을 두었다. 이 수납장에는 날마다 입는 속옷, 양말 등을 넣었다. 창가 벽에는 화장대를 두어, 머리 손질, 화장 등을 이곳에서 하도록 했다. 드레스 룸에 미닫이 중문을 달아, 바로 앞 '세면대-세탁실-화장실-욕실' 공간과 분리했다.

소파 : 30평대 아파트에 살 때 구입한 검은 가죽 소파는 집 크기에도 맞지 않았고, 분위기에도 어울리지 않았다. 남편은 210*100 사이즈 소파를 새로 제작했다. 침대 슈퍼 싱글 사이즈에 가까웠다. 애초에 소파에서 한 사람이 잠을 잘 수 있게 계획했다. 소파 아래에는 다섯 개의 수납장을 두었다. 산뜰 아빠들은 이 공간을 좋아했다. 아빠들은 본능적으로 이 공간이 '아빠만의 공간'이라는 생각이 들었나 보다. 소파

위 매트리스와 쿠션은 '더블샵'이라는 인테리어 소품 맞춤 제작하는 곳에 의뢰해서 제작했다. 소파가 있는 공간은 바닥에 열선을 따로 깔아 두었다. 방이 더 필요해지면, 이 공간을 막아 방으로 만들 계획이다.

거실 붙박이 수납장 : 거실 창가 아래와 소파 옆 공간을 수납공간으로 활용하기로 했다. 남편이 수납된 물건이 너저분하게 보이는 게 싫다고 모두 문을 짜 넣었다. 주로 책을 이 수납장에 넣었다.

아이 방 붙박이 수납장 : 수납 극대화를 위해 벽면 전체를 수납공간으로 활용할 수 있도록 붙박이 책장, 수납장을 짰다.

안방 침대 : 안방 사이즈에 맞게 2060*1560 사이즈로 맞춤 제작했다. 안방에 있는 물건은 이 침대 하나다. 침대보다는 평상에 가깝다. 나중에 살면서 마음에 든 점은 침대 바닥과 방바닥이 밀착되어 그 사이로 먼지가 들어가지 않는다는 것이다. 살구네는 기성 침대를 샀는데, 침대 아래 공간을 청소하지 못하는 게 가장 개운치 않다고 했다. 침대 아래에는 이불을 넣을 수 있는 수납장을 짜 넣었다. 사계절 이불이 거뜬히 다 들어간다.

세탁기 및 변기실 수납장 : 세면대 뒤 공간에 세탁기를 두었다. 남편은 세탁기 사이즈를 정확하게 재어, 세탁기 공간을 마련했다. 이사하는 날, 이 공간에 세탁기가 아슬아슬하게 쏙 들어가는 것을 보고, 이사 업체 직원이 신기하다며 웃었다. 그 위로 천장까지 수납공간을 짰다. 이 공간에 화장지며 세제를 두었다. 세면대 아래, 변기 위에도 수납장을 두어 욕실용품을 정리했다.

　싱크대는 기본 건축비 350만 원 안에서 해결 가능했고, 이를 제외한 다른 모든 가구들을 맞추는 데, 650만 원이 들었다.

중간 점검!

101호 땅값 + 건축비 + 인테리어 비용까지, 총건축비용은?

1. 기본 건축비 (땅값+우리 집 건축비+공용 공간 건축비) : 204,530,000원
2. 지하 상가 시설 건축비 : 18,000,000원
3. 싱크대, 붙박이장, 침대, 소파 등 실내 인테리어 비용 (싱크대 기본비용 350만 원은 분양가에 포함) : 6,500,000원

총건축비용 : 229,030,000원

평당 건축비에 관해

"평당 건축비가 얼마인가요?"

많은 사람들이 주택을 짓기 전 가장 궁금해하는 사항이다. 나 역시 집 짓기 전, 평당 건축비가 제일 궁금했다. 그래야 예산을 잡을 수 있기 때문이다. 이에 대해, 여러 전문가들이 다음과 같이 결론 내리는 것을 보았다.

"평당 건축비가 정해진 것이 아니라, 건축주 예산에 따라 짓는 것입

니다."

건축비를 보고 예산을 정하는 것이 아니라, 예산에 따라 건축비를 산정한다는 말이다. 나는 이 말이 맞다고 생각한다. 집은 건축주 형편껏 지으면 된다. 저렴하게 집 짓는 방법은 얼마든지 있다. 신문에서 컨테이너 박스를 개조해 저렴하게 집을 지어 살고 있는 분들의 이야기를 접한 적 있다. 건물을 조립식으로 지어도 건축비가 대폭 줄어든다.

소행주 측에서 분양가를 제시했을 때, 드래곤은 평당 건축비를 대략 550만 원 정도로 파악했다. 드래곤은 그 정도면 합리적이라고 생각했다. 요즘 신축 브랜드 아파트 평당 건축비는 480~500만 원이라고 한다. 아파트의 평당 건축비가 낮은 이유는 '규모의 경제' 때문이다. 아파트는 수천 세대를 한꺼번에 짓기 때문에 '공동 구매로 인한 자재 비용 절감 효과'가 난다.

우리가 지은 집은 엄밀히 말해 '공동체 주택 한 채'를 지은 것이 아니라 '단독 주택 여섯 채'를 지은 것이다. 집집마다 도면도 다 다르고, 창호, 변기도 다 다르다. 즉 '공동 구매로 인한 자재 비용 절감 효과'가 거의 없는 점을 감안했을 때, 평당 건축비 550만 원이면 브랜드 아파트 자재와 비슷한 수준으로 짓는다고 볼 수 있다. 단독 주택은 보통 평당 400만 원 선이면 무난하게 짓고, 평당 700만 원이면 고급스럽게 짓는다고 한다.

드래곤은 건축 초기에 우리에게 이렇게 말했다.

"집을 장기적인 관점으로 지으면 좋겠습니다. 돈에 연연하여 너무 싼 자재만 사서 짓지 않았으면 합니다. 한 가족이 그 집에 사는 동안 안락하고 쾌적하게 지낼 수 있어야 하니까요."

요즘은 '패스트 하우징'으로 집을 짓는 경우가 종종 있다. 이런 경우, 골조를 공장에서 미리 조립해 오기 때문에 짧게는 며칠 만에도 주택을 완성할 수 있다. 공사 기간이 짧기 때문에, 그만큼 건축비가 줄어든다.

하지만 우리 여섯 가구는 주택의 내구성, 안정성, 기능성을 고려해 조립 주택을 짓지 않기로 했다. 건축 자재 중 가장 튼튼하다는 철제 콘크리트로 건물 골조를 하기로 했다.

조립 주택보다 공사 기간이 몇 달 더 걸리고 건축비가 더 들더라도, 아기 돼지 삼형제 중 막내 돼지가 오랫동안 정성 들여 집을 지은 것처럼 시간을 들여 집을 짓기로 한 것이다.

2015. 4. 14. (D−318)

계약금 내다

공동체 주택의 공사 대금은 어떻게 마련할까? 이 부분은 각자의 사정이 다 다른 것을 감안하여 들어 주시기 바란다. 땅 소유주가 누구냐, 혹은 같은 시행사더라도 공동체 주택 추진 주체 사정에 따라 계약 사항은 달라질 수 있을 것이다. 아래 사항은 어디까지나 우리 집 경우에 한한 계약임을 밝혀 둔다.

다음은 101호 계약 내용이다.

구분	계약금 (20%)	1차 중도금 (20%)	2차 중도금 (10%)	잔금 (50%)
납기일	2015 .4. 14. (계약 시점)	2015. 6. 14. (입주 6달 전)	2015. 12. 30. (입주 3달 전)	2016. 3. 31 (입주 시점)
금액	40,906,000원	40,906,000원	20,453,000원	102,265,000원

집 짓는 대부분 사람들은 먼저 땅을 사고, 건축가와 건축 설계를 상의한다. 우리의 경우는 시행사인 소행주가 토지를 사 주었다. 입주자 대부분이 전 재산에 해당하는 돈이 자가든 전세든 집에 묶여 있는 경우가 많다는 것을 알고, 시행사 소행주가 대신 토지를 사 준 것이다. 이는 시행사가 입주자들을 전폭적으로 배려해 준 것으로, 이런 경우는 지극히 예외적인 경우라고 생각한다.

아파트의 경우 계약서를 갖고 은행에 가면 중도금 대출을 해 주지만, 주택의 경우는 불가능했다. 따라서 각 가구에서 돈을 마련해야 했다. 나는 예금, 적금을 깨서 첫 번째 계약금을 마련했다. 예금, 적금 금리가 대출 금리보다 낮아서 굳이 적금 만기일까지 기다릴 것도 없었다.

소행주 계약서에는 '중도금을 약정일 이전에 지급하는 경우에는 선납금액에 대하여 연 6%의 할인율을 적용하여 선납일수에 따라 일할로 계산된 금액을 할인한다.'는 규정이 있었다. 즉, 돈이 넉넉한 경우 미리 소행주 측에 돈을 넣으면 6% 할인해 준다는 것이다. 드래곤도 여윳돈이 있는 가계는 미리 돈을 보내라고 조언했다.

중도금 시기가 다가오자, 누군가는 부모님을 찾아가 무릎을 꿇어 부모님 집 담보 대출을 받아 돈을 빌렸으며, 누군가는 은행에서 대출을 받았다. 전세 계약 기간이 끝나고, 입주 시기까지 남은 기간에 월셋집으로 이사하여 중도금을 낸 집들도 있었다.

3. 자기 집 도면 그리기

2015. 4. 18. (D-314)
공동체 주택 방문하다

공동체 주택을 짓기로 하자, 기존의 공동체 주택들을 보고 싶어졌다. 집 모양은 어떤지, 입주자들은 어떻게 살고 있는지 무척 궁금했다. 소행주 측에서 성미산 마을에 있는 소행주 2, 3호의 양해를 구해 견학 및 만남의 자리를 마련해 주었다.

소행주 2, 3호를 살펴본 결과, 가장 먼저 눈에 띈 것은 두 집의 신발장 위치가 다르다는 점이었다. 2호는 신발장을 1층에 배치해 공용 공간을 좀 더 효율적으로 활용했다. 3호는 신발장을 층마다 배치했다. 우리도 공간 활용을 고민할 때 참고할 만한 점이었다.

좁은 평수의 집들도 입주자 각자의 아이디어를 살려 좁아 보이지 않게 공간을 활용한 점이 인상적이었다. 부엌 상부장 수납공간으로 공간 활용을 한 집, 베란다에 오두막을 설치한 집, 아이 방을 2단으로 분리하여 아래에는 책상을 두고 위에는 침대를 놓은 집 등이 눈에 띄었다. 각 집의 아이디어를 메모했다.

3호 커뮤니티실에서 3호에 거주하는 세 가구를 만났다. 다음은 그때 나눈 질의응답이다.

Q1. 공동체 주택의 좋은 점은 무엇인가요?

공유할 수 있는 것이 많아서 좋아요. 저희는 공동 세탁실이 있습니다. 집 안에 세탁기를 없애, 그 공간을 다른 공간으로 활용하고 있습니다. 캠핑용품은 다른 가구 것을 공유해서 씁니다. 야채를 많이 샀을 때도 나누어 먹어 좋습니다.

Q2. 커뮤니티실은 자주 이용하시나요?

아이들이 자주 이용합니다. TV 없는 집들이 있어 여기에 모여 함께 TV도 시청합니다.

Q3. 살면서 갈등은 없나요?

갈등을 느끼는 집도 있고, 느끼지 못하는 집도 있겠지요? 살면서 갈등이 있을 수도 있고, 생각처럼 되지 않는 부분도 많을 수 있습니다. 문제가 없는 것은 아니지만 서로 이해하려는 노력이 있다면 공동체 생활을 더 잘 할 수 있겠죠?

Q4. 관리비는 얼마나 나오나요?

세대별 5만 원, 공용 공간 2만 원 정도 나옵니다.

Q5. 아파트는 창이 크잖아요. 이 곳의 창문은 작더라고요.
창문 크기에 대해 어떻게 생각하세요?
큰 창보다는 작은 창이 더 효율적인 것 같아요.

Q6. 아이들은 다 또래인가요?
저희는 갓난아이부터 초등학생까지 다양합니다. 부천은 아이
들이 다 또래라 부럽습니다.

소행주 견학은 공동체 주택의 외관과 내부를 둘러보고 공동체 주택
에 대한 감을 잡을 수 있는 기회였다. '백문이 불여일견'이라 했다. 공
동체 주택을 먼저 경험한 입주자들이 겪은 일들을 들으니, 빨리 입주
하고 싶은 마음이 커졌다.

2015. 4. 18. (D-314)
아파트 분양 사무실에 가다

여섯 가구는 도면 그릴 때 영감을 얻기 위해 인천 송도에서 분양 중
이던 한 타운하우스 모델하우스를 찾았다. 처음 알게 된 사실! 모델하
우스는 '아파트'라는 상품을 잘 포장하는 곳이라는 사실이었다. 당시
모 건설 회사 분양 사무실 소장이던 드래곤이 아파트 모델하우스의

비밀에 대해 조곤조곤 알려 주었다.

모델하우스 내 가구는 실제 가구의 80~90% 크기로 제작한다고 했다. 이렇게 하면 실내 면적이 실제 면적보다 넓어 보인다. 같은 이유로, 베란다도 미리 확장해 놓고 점선만 그려 놓는다. 사실 베란다는 꼭 필요한 공간인데, 요즘은 거의 모든 가구가 사전에 별도 비용을 내고, 베란다 확장 공사를 한다고 한다. 바닥재와 벽지는 실내가 가장 넓어 보이는 색으로 고른다고 한다.

또 주부들의 마음을 공략하기 위해 부엌과 다용도실 시설에 엄청 신경을 쓴다고 한다. 모델 하우스는 살림하는 집 같지 않게, 환한 조명에 예쁜 인테리어 소품을 놓는다. 실제로 함께 간 엄마들이 식자재를 보관할 수 있는 다용도실을 보고 동공이 흔들렸다.

우리가 둘러본 타운하우스는 1층과 4층에 테라스가 있어 인기 있는 곳이었다. 1, 4층에 사는 사람들은 테라스에서 바비큐를 해도 된다고 했다. 문득 1층 입주자가 누구인지 모르는 상황에서 1층에서 고기를 구워 먹으면 2, 3, 4층에 사는 다른 세대들이 고통스러울 수도 있을 거라는 생각을 했다.

이후 다른 아파트 분양 사무실도 함께 다녀왔다. 하지만 아파트 분양 사무실은 이미 지어진 아파트를 어떤 마감재와 가구로 꾸몄냐만 참고할 수 있었을 뿐, 도면을 그리는 데 크게 도움이 되지는 않았다. 오히려 각 집 도면 그릴 때, 여러 면에서 고정 관념으로 작용한 점이 있었다.

도면 그리기 시작하다

4월 22일 미키네를 시작으로 도면 상담이 진행됐다. 총 10주에 걸쳐 도면을 확정할 계획이었다. 도면 상담은 소행주 코디네이터 광년이와 함께했다. 광년이는 '이은희'라는 예쁜 본명이 있는 코디네이터였다. 광년이는 입주자들과 집 설계, 전체적인 인테리어 상담, 마감재와 소품 고르기까지 함께했다.

광년이는 여러 차례에 걸쳐, 각 세대가 원하는 집을 디자인할 수 있도록 공간 구성을 도왔다. 머릿속에만 맴도는 아이디어가 현실적으로 가능한 일인지도 이야기해 주었다. 한번은 남편이 기존 화장실 공간을 분리해 욕조만 따로 놓는 공간을 구상하며, 그 욕실 공간을 그려 갔다. 그 공간을 보고 광년이가 이렇게 말했다.

"지금 그려 오신 욕조 사이즈는 국내에 유통되지 않아요. 이 사이즈를 공방에서 수제로 만들 수는 있는데 가격이 엄청 비싸요. 기성품 가격의 두 배가 훨씬 넘지요. 국내에서 가장 작은 욕조 사이즈는 이 정도입니다. 따라서 욕조 크기가 최소 이 정도는 되어야 해요."

이런 식으로 입주자들이 현실성 없는 공간 배치를 해 가면, 광년이가 현실 가능한 공간이 되도록 도와주었다.

첫 도면을 그리다

처음 도면 그리는 종이를 받았을 때, 막막했다. 눈금이 잔뜩 그려진 직사각형 종이에 과연 어떤 공간을 채워 넣을 것인가? 광년이가 조언

했다.

"우리 가족은 어떤 집에서 살고 싶은지 잘 생각해 보세요. 가족들의 동선과 생활 패턴도 고려해 보세요. 가족들이 가장 중요하게 생각하는 건 뭐지요?"

한마디로 가족의 생활을 생각해서 공간 구성을 하라는 이야기였다. 남편 얼룩말과 나는 고심 끝에 도면을 완성했다.

안방은 남향으로, 부엌은 북향으로, 작은 방 하나에 거실, 그 좁은 18평 안에 화장실 두 개를 빼곡하게 그려 넣었다. 남편이 화장실을 두 개 고집한 데는 이유가 있었다.

당시 우리 가족이 살던 아파트는 28평형이었는데 화장실이 하나였다. 아빠가 샤워하고 있는데, 아이가 급하게 볼일을 보고 싶다고 변기에 앉는 경우가 있었다. 나도 출근 준비를 해야 하기에 어쩔 수 없이 칫솔을 가지러 화장실에 들어간다. 화장실 안에 욕조, 세면대, 변기가 함께 있으니, 이렇게 가족들이 서로의 원초적 작태를 목격하게 되는 민망한 상황이 벌어지곤 했다. 이런 경험이 자주 반복되면 아무리 가족이지만 '사람 사이의 거리'에 대해 성찰해 보는 시간을 가끔 갖게 된다. 인간의 존엄성에 대해서도 곱씹어 보게 된다. 남편은 이런 이유로 좁은 평수에도 화장실 두 개를 그려 갔다.

남편은 자신만만하게 도면을 내밀었다. 광년이가 남편이 그린 도면을 보고 말했다.

"화장실이 두 개네요."

"네. 가족 셋이 화장실을 동시에 쓸 경우가 생기더라고요. 그래서 좁지만 두 개를 그려 보았어요."

"그럼, 세면대와 화장실, 욕실을 따로 두면 어떨까요? 호텔에서는 세면대를 욕실 밖에 두기도 하잖아요."

"아! 그런 방법이 있었네요! 그렇게 만들면, 화장실을 두 개로 만들지 않아도 되겠네요."

남편은 큰 깨달음을 얻은 얼굴이었다. 광년이가 말을 이었다.

"그려 오신 도면은 그냥 아파트 도면이네요."

그러고는 질문을 던지기 시작했다.

"왜 안방을 남향으로 했죠?"

"그야 안방이 환하면 좋으니까요."

"안방에서 무엇을 하나요?"

"잠만 자죠."

"잠자는 시기는 언제인가요?"

"밤이요. 어? 그럼 꼭 안방을 남향으로 둘 필요가 없겠네요."

우리 부부는 그때 뽕망치로 머리 한 대 두들겨 맞은 두더지 심정이 되었다. 고정 관념이라든가, 편견이라는 것이 이렇게 강하구나! 다른 입주자들도 도면을 그리면서 가장 많이 한 말은 이것이었다.

"처음에 아파트 구조에서 벗어나는 도면을 상상하는 것이 가장 힘들었어요. 도면 상담하면서 몇 번이나 뒤통수 맞은 느낌이 들었는지 몰라요."

다른 입주자들도 처음에는 '방 세 개, 화장실 두 개, 안방 남향, 부엌 북향' 등 32평 아파트 구조에서 크게 벗어나지 않은 도면을 그려

왔다. 광년이와 세 번 이상 만나 상담을 하면서 비로소 도면이 바뀌기 시작했다. 가족의 삶을 담은 모습으로.

스토리텔링으로 우리 삶에 맞춘 집을 그리다

우리 부부는 우리 삶의 패턴을 생각하기 시작했다. 그때 살던 아파트는 안방 바로 옆이 화장실이었다. 나는 잠귀가 밝은 편이라 아이와 자고 있다가, 남편이 들어와 씻는 소리에 잠을 깨곤 했다. 아침이면 나는 다크서클을 눈에 달고 남편에게 분노를 쏟아 냈다. 따라서 집을 상상할 때 가장 먼저 주안점으로 둔 것은 안방과 씻는 곳을 최대한 멀리 두는 것이었다. 남편은 우리 가족의 생활 패턴과 동선을 생각하기 시작했다.

'가장 먼저 집에 돌아오면 화장실로 간다. 현관에서 화장실로 가는 도중 아이가 옷에서 모래며 흙을 뚝뚝 흘리고 간다. 욕실에서 손을 씻고, 입을 옷을 가지러 작은 방에 간다. 옷을 가지고 와서 욕실에서 씻는다. 욕실 앞 옷 바구니에는 늘 벗어 둔 옷이 수북이 쌓인다. 그 옷 바구니를 들고 베란다에 있는 세탁기로 간다. 빨래가 끝나면 거실 앞쪽까지 빨래를 가지고 와서 넌다.'

생각 끝에, 남편은 현관에 들어오자마자 왼편에 세면대, 세탁기를 두기로 했다. 그 안쪽에 욕실, 화장실, 드레스룸을 배치했다. 화장실 두 개를 포기한 대신 욕조, 세면대, 변기 공간를 각각 분리했다. 욕조는 습해서 곰팡이도 잘 핀다. 변기와 세면대도 굳이 같은 공간에 둘 이유가 없어 보였다. 위생적인 면에서도 분리가 필요했다.

욕조와 변기가 분리되니 자연스레 화장실이 건식이 되었다. 예전 아파트에 살 때, 스타킹을 신은 채 손 씻으려고 들어간 화장실에서 젖은 슬리퍼라도 신은 날이면 영혼 깊은 곳에서 '쿠웨엑' 하는 절망의 소리가 튀어나왔다. 앞으로 이럴 일은 없어 보였다. 화장실은 사람들 눈에 안 보이게 세면대보다 안쪽에 넣고 문을 달았다. 화장실 오른쪽에는 욕조를 넣었다. 이제는 누구 한 명이 볼일을 보고, 한 명이 샤워를 하고, 한 명이 양치를 해도 수치스럽지 않은 공간이 되었다. 세탁기, 세면대, 변기, 욕조가 옹기종기 모인 공간 왼편에는 드레스 룸을 만들었다.

현재 우리 집의 동선은 이렇다. 집으로 들어오자마자, 세면대에서 손을 씻고, 옷을 벗어 바로 세탁기에 넣는다. 샤워를 하고 나와 드레스 룸에서 옷을 갈아입고 나온다. 세면대 앞에 있는 미닫이문을 닫으면, 거실에서 이 공간은 보이지 않는다.

이렇게 모든 입주자가 가족들의 삶의 동선에 맞게 집을 설계하기 시작했다. 집에 가족들을 맞추지 않고, 가족들의 삶에 집을 맞추려는 첫 출발이었다.

실속 주택 핵심 요소, 단열을 챙겨라

처음 도면을 그릴 때, 여섯 가구 모두 공통점이 있었다. 어느 한 가구 빼놓지 않고, 다들 거실 전면에 통창을 그려 온 것이다. 건설맨 드래곤도 예외는 아니었다. 아파트 베란다 창문은 모두 통유리 창이었다. 우리 여섯 가구 머릿속에는 '거실 창=통유리'라는 공식이 입력되어 있었다. 우리 부부는 한술 더 떠서, 카페에서 볼 수 있는 유리 접이식 문을 그려 갔다. 그렇게 그린 이유는 하나!

'근사할 것 같아서!'

여름에는 통유리 창으로 만든 거실 문을 접어서 열고, 베란다에 작은 탁자를 놓으면 카페 부럽지 않을 것 같았다. 인터넷에서 찾아본 멋진 전원주택들은 모두 통유리 창으로 안이 훤히 들여다보였다.

기대에 부푼 우리와 달리 광년이는 깊은 한숨을 내쉬었다. 광년이는 자꾸만 작은 창을 권했다. 열효율 때문이라고 했다. 집에 창이 많아지고, 커지면 그만큼 열효율이 떨어진다고 했다. 창에는 단열재가 들어가지 않기 때문이다.

사람들이 흔히 '여름에 덥고, 겨울에 추운' 것을 주택의 단점으로 꼽는다. 이렇게 창이 커지고 많아지면, 여름에는 바깥에서 열이 쉽게 들어와 덥고, 겨울에는 창문 틈 사이로 집안의 열기가 다 빠져나가 추워진다. 또, 카페처럼 여닫는 접이식 통창은 창 윗부분에서 계속 공기를 내뿜는 특수 공정이 들어간다. 집으로 들어오는 벌레를 막기 위해서다. 한마디로 접이식 통창은 보기만 좋지, 사람이 살기에 적합한 구조물이 아니었던 것이다.

시행사는 살기 편한 집을 권했고, 우리 여섯 가구는 '무턱대고 예쁜 집'을 고집했다. 소행주 자문위원인 건축가 이일훈 선생님도 자꾸만 작은 창을 권하셨다. 여섯 가구는 눈치를 보면서 집안 여기저기에 창문을 뿡뿡 그려 댔고, 최대한 창문을 크게 그려 넣었다.

무식하면 용감한 것일까? 집을 다 짓고 나서야, 나는 건축 관련 책과 자료를 접하게 되었다. 그제야 왜 광년이가 작은 창을 부르짖었는지 알게 되었다.

요즘 독일에서 시작된 '패시브 하우스'가 전 세계적으로 확산되고 있다. '패시브 하우스'는 '수동적인 집'이란 뜻으로, 겨울에는 집에 한 번 생긴 열을 최대한 내보내지 않고, 여름에는 바깥 열이 쉽게 집 안으로 들어오지 못하게 하는 구조로 설계된 집이다. 패시브 하우스를 지으려면 몇 가지 공정을 거쳐야 한다.

'남향으로 지을 것, 3중 유리창을 설치하되 창문을 작게 낼 것, 단열재를 일반 주택 3배 두께인 30센티미터 이상으로 설치할 것, 환기 장치를 사용해 집 안 공기를 환기할 것'

이렇게 집을 지으면 화석 연료 사용을 최소화해도, 여름에는 시원하고, 겨울에는 따뜻한 집이 된다.

하지만 패시브 하우스는 건축비가 일반 주택보다 비싸다는 단점이 있다. 평균적으로 평당 100만 원~150만 원 정도 공사비가 더 들어간다. '패시브 하우스'의 반대 개념인 '액티브 하우스'도 있는데, 이는 태양열 등을 이용하여 적극적으로 에너지를 집에서 만들어 쓰는 집을 뜻한다. 아직까지 액티브 하우스는 비용은 많이 들고 큰 실효성이 없다는 게 중론이다. 따라서 일반 주택을 지으며 에너지 효율을 높이려면, 가장 쉽게 따라 할 수 있는 방법이 '창을 작게 내는 것, 남향으로 지을 것, 단열재를 두껍게 넣을 것' 정도이다. 그중에서 건축주가 설계 단계에서 실천할 수 있는 것이 바로 '창문을 작게 내는 것'이었다.

설계 때부터 소행주 측은 에너지 효율에 신경을 썼다. 우리는 그것도 모르고 처음엔 다들 아파트 베란다 창문을 생각하고 대문짝만 한 창문을 그려 넣었다. 알게 모르게, 우리 모두 아파트 문화에 익숙해져서 아파트를 집의 절대적 기준으로 생각하는 듯하다. 물론 이후 여섯 가구 모두 창을 처음보다는 축소했다. 하지만 열효율에 대한 이야기가 잘 와닿지 않아 광년이 눈치를 보며 낼 수 있는 만큼 큰 창을 그려 넣었다.

지금 다시 창문 크기를 정하라면 지금보다는 조금 더 작게 내도 될 것 같다. 살아 보니, 큰 창이 아니어도 밖이 잘 보이고, 답답하지 않다. 실속 주택을 지을 계획이 있는 분이라면, 창문 크기는 작게 내도 된다고 말씀드리고 싶다.

집 짓기 전에 건축 관련 책을 읽어 보라

생각해 보면, 건축에 대해 이렇게 무지했는데, 집을 제대로 지은 것이 신기할 정도다. 다른 입주자들과 시행사에 묻어 지어서 가능한 일이었지, 혼자 지었다면 불가능한 일이었다. 집 지을 계획이 있는 분들이라면, 건축에 대한 책 열 권 정도만 읽어 보시라고 권하고 싶다. 서점이나 도서관에서 '건축', '집 짓기'를 키워드로 넣고 검색하면, 수많은 책들이 나온다. 꼭 집을 지어 산 사람들의 이야기뿐 아니라, 이런 저런 건축에 관련된 인문학 책도 도움이 된다.

이런 책들을 읽다 보면 어떤 철학으로 집을 지을지, 집 소재는 어떻게 할지, 어떻게 공간 구성을 하고 싶은지 답이 나올 것이다. 건축가와 상담하기 전에, 대략적으로 본인이 원하는 방향의 집 콘셉트를 잡으면 좋다. 큰마음 먹고 짓는 집이다. 소가 뒷걸음치다 쥐 잡는 격으로 집을 짓지 말고, 미리 공부를 하고 처음부터 '목적 있는 집'을 지으시길 바란다.

도면 공유 및 공용 공간 요구 사항을 정리하다

이날은 다섯 번째 공식 모임이었다. 함께 논의해야 할 일이 많아, 앞으로 자주 만날 것 같은 예감이 들었다.

입주자들은 서로 도면을 공유하며 고민을 나누었다. 손도끼네는 다른 세대와 다르게 긴 복도가 있다. 드래곤은 손도끼에게 장난스럽게 조언했다.

"긴 복도에 아이들 달리기 코스를 만들어 보세요."

미키네는 복층인데 처음에는 4층이 침실, 3층이 거실 및 부엌, 욕실이었다. 입주자들은 미키에게 시트콤 〈거침없이 하이킥〉에 나온 집처럼 4층에 구멍을 뚫어 빨래를 바로 3층 세탁기 안으로 집어넣는 아이디어를 권했다.

다들 집 도면을 그리고 나서 한 말이 있다.

"고정 관념을 탈피하게 된 게, 가장 신기한 일이네요."

모눈종이 위에 창의적인 아이디어를 표현해 내는 일이 생각보다 쉽지 않았지만, '집이라면 이러이러한 것'이라는 공간 개념이 많이 사라진 점이 가장 큰 소득이었다.

공용 공간에 대한 논의도 했다. 공용 공간에 필요한 물품들은 대략 아래 표처럼 정리했다.

옥상	빨래 건조대, 이불 건조대(일광 소독), 파라솔+테이블, 장독대 공간, 수도 시설, 수납공간(테이블 등 옥상에 필요한 물품 수납할 곳)
마당	수도 시설, 텃밭, 모래장, 바비큐 시설, 공용 창고(자전거 수납 공간 포함), 애완동물, 벤치/나무데크, 목공놀이 작업대, 우산 꽂이, 현관 캐노피, 나무(감, 매실, 살구, 앵두나무)
커뮤니티실	TV, 책장, 좌식 테이블, PC, 프린터, 그릇
기타	택배함(무인 형태가 아닌 슬라이딩 방식), 가스 배관에 형광물질 칠하기

주택에 살려고 하니, 가장 마음에 걸리는 문제가 바로 '택배와 방범'이었다. 입주자들은 어떻게 하면 택배를 무사히 잘 받을 수 있을지 머리를 모았다.

"사람을 고용해야 하나? 아파트에 살 때, 친하게 지낸 경비 아저씨 중에 지금 해고되신 분이 있는데 그분을 초빙할까?"

"말도 안 된다. 여섯 가구가 무슨 사람을 고용하느냐?"

"답답해서 해 본 말이다."

"대문에 구멍을 뚫어서 그 안으로 택배를 던져 놓고 가게 하자."

"그러다 깨지면 어떡하나?"

"무인택배함을 제작해서 마당 옆에 설치하자."

"부피가 큰 택배를 넣을 만큼 큰 택배함 제작이 가능한가?"

"택배함을 만들 시, 비밀번호 관리는 매번 어떻게 할 것이냐? 도난의 위험이 없겠느냐?"

이 외에도 주택이다 보니, 방범 문제 이야기를 많이 했다. 로이가 한 가지 아이디어를 냈다.

"요즘 일부 지자체에서 도둑 방지를 위해 빌라 가스 배관에 형광물질을 바른다고 해요. 우리도 완공 후 가스 배관에 형광물질을 바르는 거 어때요?"

그때는 웃어넘겼지만, 이 두 가지 문제를 꼭 해결해야 했다. 택배와 방범, 이 두 문제는 차차 더 생각해 보기로 했다.

2015. 5. 15. (D-287)
도면 확정, 창호 · 조명 · 콘센트 위치 정하기

모든 세대 도면이 확정되었다. 광년이가 창호 크기와 종류를 설명해 주고 고르라고 했다. 가구 배치를 고려해 조명 스위치, 콘센트 위치도 정하라고 했다. 세대별 도면이 결정되어 건물 상하수 배관 조율에 들어갔다. 우리는 1층이라 창문 하나를 제외하고 시스템 창을 골랐다. 시스템 창은 옆으로도 열 수 있지만, 위로만 살짝 열 수도 있는 문이다. 가격은 일반 이중창보다 비쌌지만, 여름철 방범 때문에 골랐다.

발코니로 나가는 문은 터닝 도어로 골랐다. 이때부터 가구 배치를 고민하여 조명, 콘센트 위치를 잡았다. 어느 때보다 공간 지능이 필요한 때였다.

전기 도면까지 완료. 문 디자인·벽지·조명 디자인·맞춤 가구 정하기

도면 설계 6주 차에 접어들었다.

각 세대는 광년이와 전기 도면을 확정했다. 전기 도면을 짤 때는 집 어디에 어떤 가구를 놓을지는 물론 가족들의 생활 동선도 고려해야 했다. '안방 침대 옆 콘센트는 어디에 둘 것인가?' '밥솥을 꽂을 콘센트는 주방 어느 위치에 놓을 것인가?' '드라이기는 어디에 둘 것인가?' '어디에 청소기 콘센트를 꽂아야 청소하기가 가장 편한가?' 하는 소소한 사항까지 체크하며 전기 도면을 결정했다.

조명 매입 여부 및 위치, 콘센트 등의 위치, 창문 종류, 크기도 그 주에 결정했다. 모든 세대가 위 사항을 결정하자, 광년이가 이를 설계 사무소에 보내 허가도면을 제작한다고 연락해 왔다. 업체에서 다양한 여섯 개의 도면을 보고 놀랐다고 한다. 보통 빌라와 달라도 보통 다른 게 아닌 모양 때문이었다.

다음 미션은 '문 디자인·각종 벽지·타일·조명 디자인·맞춤 가구 고르기'였다. 집 내부 도면이 확정되었다고 해서 끝인 줄 알았는데, 이제 시작이었다.

"이제부터 진정한 미적 감각이 필요한 시기네요."

광년이 말에, 여섯 가구는 폭풍 인터넷 검색을 시작했다.

건물 조감도 올라오다

여섯 가족이 소통하는 SNS에 건물 조감도가 올라왔다. 여러 사람들이 댓글을 달았다.

"조감도를 보니 확실히 실감이 나네요. 제가 무슨 짓을 하고 있다는 게."

"진짜 서서히 실감이 납니다. 두근두근하네요."

"까악~! 설레네요!"

아, 진짜 집이 지어지는 모양이다!

우리가 살게 될 공동체 주택 조감도

공동체 주택 이름 정하기

공동체 주택 이름은 첫 만남부터 꾸준히 논의해 왔다. 그동안 나온 이름들은 다음과 같았다.

솔안뜰 : 동네 이름이 '솔안'이다. '솔안'에 뜰이 있는 집이라고 하여 지었다. 하지만 '솔안' 발음에서 '소란'이 연상되었다. 아이들이 많아 안 그래도 시끄러운데 더 시끄러울 것 같았다. 마을 카페 이름도 '소란'이어서 좀 더 개성 있는 이름을 찾기로 했다.

천당채 : '부천+마당+집'의 합성어. 한식당 이름 같다고 해서 넘어 갔다.

상원동락재 : '밝고 맑고 시원한 정원에서 아이들이 즐겁게 노는 집'이라는 뜻이라는데, 입주자들이 집 이름을 못 외울 것 같아 넘어갔다. 나중에 이 문구는 상량판에 새겼다.

산뜰 : 우리는 '산어린이집'에서 만난 인연이므로 집 이름에 '산'이 들어가면 좋겠다는 의견이 있었다. 또 주변이 산이어서 '산'이라는 글자가 들어가면 집 분위기에 잘 어울릴 것 같았다. 마당이 있는 집이라는 특색을 살려 '뜰'이라는 글자도 넣었으면 했다. 그래서 두 글자를 합쳐서 '산뜰'로 하자는 의견이 있었다.

이중 '산뜰'로 결정되었다. 어감이 '산뜻'하기도 하고, '산들'거리는 느낌도 나서 좋았다.

자문위원 도면 검토

소행주 자문위원인 건축가 이일훈 선생님, 박경옥 교수님께서 각 세대 도면을 검토해 주었다. 소행주 실무자들이 입주자들 생활 패턴을 소개하고, 입주자들이 그린 도면을 설명했다. 이후 자문위원들이 자세히 도면을 검토하고, 도면의 좋은 점과 아쉬운 점을 지적했다. 우리 집 같은 경우는 욕조 공간이 따로 있는데, 턱이 높아 사람이 넘어 다니기 힘들다는 의견을 주셨다. 욕조를 아래로 파는 '다운 욕조'를 권했다.

공동체 주택 입주 희망자 중 이렇게 묻는 사람들이 있다.

"저는 인테리어 문외한입니다. 이런 제가 어떻게 제집을 설계할 수 있을까요?"

우리의 경우, 소행주 코디네이터가 각 가구에 맞는 도면을 끌어내 주었다. 우리 머릿속에 떠도는 상상을 3차원 공간으로 표현할 수 있도록 도와준 것이다. 간혹 기존 주택에서 찾아볼 수 없는 창의적인 공간 설계를 한 이도 있었다. 이를 코디네이터와 자문위원들이 그 도면이 기술적으로 가능한지, 무리한 동선이나 공간 설계는 없는지 검토해 주었다.

산뜰의 경우 시행사는 '소행주', 시공사는 '자담'이다. 두 곳 다 서울시 마포구 성미산 마을 기업이다. 두 회사 모두 '마을공동체 구현'

자문위원들과 함께하는 산뜰 도면 워크샵

을 위해 만들어진 회사다. 보통 빌라나 아파트들은 배관 위치를 맞추어 똑같은 형태의 집을 만들어 분양한다. 건축 회사 입장에서는 같은 도면의 집을 지어야 시간, 비용 면에서 효율적이다. 우리가 몇 십 억짜리 전원주택을 짓는 것도 아닌데, 우리가 선택한 시행사와 시공사는 시간, 비용 면에서 '효율성'과 전혀 먼 선택을 했다. 시행사 소행주에서는 각 세대별로 입주자들의 삶에 귀를 기울여 도면 그리고, 상담하고, 전문가 자문까지 받고 도면을 확정해 주었다. 시공사 자담도 각집 방 위치, 화장실 위치, 하다못해 전기 콘센트 위치까지 다 다른 까다로운 집을 지어 주었다.

꼭 소행주나 자담이 아니더라도 마음 잘 맞는 건축가나 시행사를 만나면 자기가 살 집을 자기가 설계할 수 있다고 생각한다. 준비물은 '나는 어떻게 살 것인가'라는 생각과 '고정 관념을 탈피하는 자세'가 아닐까.

4. 본격적인 공사 시작

2015. 7. 4. (D-237)

빈집 프로젝트

빈집 프로젝트는 공사 시작 전, 집이 지어질 터에 입주자들이 모여 친목을 도모하고, 잘 살자는 다짐을 함께하는 행사다. 우리가 앞으로 함께 살 '공간'에 처음으로 의미를 부여한 행사이기도 했다.

행사 당일 아침, 아빠들은 8시부터 빈집에 가서 고무장갑을 끼고 청소를 했다. 비록 곧 헐릴 집이지만, 그날 하루는 입주자뿐 아니라 산집 가족들과 외부 손님들이 오는 날이었다. 화장실도 청소하고, 쓰레기도 치웠다. 미리 제작해 둔 플래카드도 걸었다. 엄마들은 떡을 맞추어 주변 이웃들에게 돌렸다. 앞으로 공사가 시작되면 무척 미안해질 일이 많을 것이고, 나중에 더불어 살 이웃에게 미리 인사를 해 두자는 마음이었다.

살구는 빈집 프로젝트 전, 겉에서만 이 집을 보고 심란했다고 한다.

바로 앞은 고물상이라 찝찝했고, 수십 년 동안 자란 나무들이 우거진 담장 너머 풍경이 음습해 보였다. 하지만 살구는 빈집 프로젝트를 통해 생각이 바뀌었다.

'이 땅은 그동안 누군가의 삶의 터전이었고, 앞으로는 우리 여섯 가구가 살아갈 터전이 되겠구나.'

빈집 프로젝트를 하며, 입주자들은 전 주인의 숨결이 남아 있는 따뜻한 공간에서 하루를 보냈다. 그러면서 앞으로 살 공간을 설렘으로 그려 볼 수 있었다.

오후 1시, 건축가 이일훈 선생님의 강의가 있었다. 선생님은 집에 대한 고정 관념을 바꿔 줄 만한 여러 이야기를 들려주셨다.

"모든 것을 자기 집 안에 두고 살려는 생각을 버리세요."

"공용 공간을 자기 집 이상으로 근사하게 꾸미세요."

"편하게 사는 것이 꼭 좋은 것은 아닙니다. 불편하게 살 필요가 있습니다."

나는 선생님이 강의 마지막에 하신 이 말이 귀에 꽂혔다.

"여러분이 함께 집을 지어 사는 것 자체가 사회 운동입니다."

나는 이 말을 듣고 고개를 갸웃거렸다. 입주자들은 각기 다른 개인적 소망으로 공동체 주택을 지으려는 것이지, 딱히 투철한 공동체 의식을 가지고 짓기로 한 것이 아니었다. 선생님이 왜 이 말씀을 하셨는지는 시간이 흐르면서 조금씩 깨닫게 되었다.

이후 공용 공간 워크숍이 열렸다. 1층 마당, 주차장, 옥상, 커뮤니티실, 지하 공간 등 공간 활용에 대한 입주자의 의견을 들었다. 그 의

빈집 프로젝트

견을 토대로 소행주와 자담에서 공간 계획을 하여 다시 입주자들에게 제안하기로 했다.

과천 소행주 입주 예정자들도 오셔서 와인을 선물해 주셨고, 소행주 1호 입주자들도 오셔서 유쾌한 덕담을 건넸다. 동네 사람들도 많이 와서 우리를 축하해 주었다.

이들과 출장 뷔페로 배부르게 음식을 먹고, 생맥주를 나누어 마시며 함께 집 짓기를 축하했다. 이후 SNS에 이런 후기들이 올라왔다.

"멋진 사람들을 만난 자리, 지리산 계곡을 다녀온 것처럼 마음이 시원합니다."

"말로 표현할 수 없을 정도로 행복합니다."

훗날 집 짓는 모든 과정 중 '빈집 프로젝트'가 가장 기억에 남는다는 입주자들이 여러 명 있었다. 집을 본격적으로 짓기 전, 새로 집을 지을 터에서 옛집을 기리고, 앞으로 집 지을 사람들을 축하하는 자리를 마련하는 일은 이성적인 행사보다는 감성적인 행사에 가깝다. 집을 짓는 일도 집의 뼈대를 세우는 이성적인 건축 그 자체보다도, 그 집에 살 사람들의 마음을 담는 감성적인 부분이 더 중요한 것 같다. 그런 점에서 빈집 프로젝트는 본격적인 건축의 첫 번째 단추 역할을 톡톡히 했다고 생각한다.

2015. 7. 18. (D-223)

입주자 소통 교육

7월부터 11월까지 네 차례 입주자 교육이 있었다. 의사결정방법론, 비폭력 대화법, 갈등관리에 대한 교육을 받았고 성격 유형검사인 MBTI도 받았다. '의사결정방법론 교육'은 입주자들이 확정되면 바로 받아도 좋을 것 같다. 집을 짓기 시작하면, 평수 정하기부터 공용 공간 논의까지 크고 작은 문제를 협의, 결정해야 하기 때문이다. 입주자 소통 교육은 다음 장에서 자세히 논의하겠다.

철거 시작

드디어 본격적인 공사가 시작되었다. 구옥 철거는 7월 31일에 시작해 8월 3일까지 총 4일에 걸쳐 진행되었다. 나는 퇴근 후, 현장에 들러, 건물 부수는 모습을 지켜보았다. 한 가족이 오랫동안 살던 건물이 부서지고, 정원이 사라졌다. 한편으론 이런 생각이 들어 쓸쓸하기도 했다.

'건축물 쓰레기, 이 조그만 나라에서 갖다 버릴 데도 없다던데……'

10년 전, 로마에 갔을 때, 지은 지 200년 된 아파트에 묵은 적 있다. 한인 게스트하우스였는데, 지내기 조금도 불편하지 않았다. 유럽 다른 도시에서도 몇백 년 된 건물들을 개조해서 사용하는 모습들을 보았다. 우리나라에서는 아파트, 빌라 연식이 30년만 지나면 '재건축, 재개발'이라고 하여 부수는데, 어쩌면 이런 일들이 당연하지 않다는 생각을 그때 처음 했다. 건물을 철거하는 모습을 보며, 한번 지을 때 튼튼하게 잘 지어, 오래오래 살아야겠다고 생각했다.

내부 마감재 미팅

이 시기 당면 과제는 내부 문짝, 바닥재, 욕실 벽, 바닥재 등 각종 인테리어 마감재를 선택하는 일이었다. 광년이가 이렇게 문자를 보내 왔다.

"우리 집 분위기를 먼저 고려해 보세요. 인터넷이나 잡지 등에서 본 원하는 이미지를 핸드폰에 담아 오세요. 이것저것 다양한 이미지가 아닌 정말 원하는 한두 컷만이요!"

사람들이 이때부터 인테리어 잡지를 보기 시작하고, 예쁜 카페에 가서 사진을 찍기 시작했다.

이제부터 본격적인 인테리어 시작이다!

Tip. 실속 인테리어! 마감재 결정하기

바닥 : 바닥재의 종류는 무척 다양하다. 황토, 대리석, 장판, 강마루, 원목마루, 온돌합판마루, 강화마루 등등. 다음은 각 바닥재의 특성 및 내가 생각한 장단점이다.

황토 : 황토는 벽이나 바닥에 사용하면 좋다는 말이 있지만, 말 그대로 흙이기 때문에 관리가 무척 어렵다. 콩기름 먹인 한지를 두세 달에 한 번씩 갈아 주어야 한다나? 나는 집안 관리에 심혈을 기울이는 사람이 아니므로 황토는 패스! 또 황토를 썩히지 않으려면 방부제를 써야 해 오히려 말만 친환경 자재일 뿐 건강을 해치는 경우도 있다고 한다.

대리석 : 대리석은 고급스러운 느낌이 나는 인테리어 효과를 줄 수 있지만, 비쌀 뿐더러 바닥에 그릇을 떨어뜨리면 그릇이 바로 깨진다고 한다. 나는 정말 자주 그릇을 깬다. 또 대리석이 깨지면 수리가 어렵다. 대리석도 당연히 패스! 난 호화 주

택이 아니라 실속 주택을 지을 거니깨!

장판 : 장판은 어릴 적부터 익숙한 바닥재이다. 비닐 소재기 때문에 변색되는 경우가 있고 찢어질 경우 보수가 어렵다.

원목마루 : 천연원목을 가공하여 만든 마루다. 처음에는 원목마루에 솔깃했다. 집에서 나무의 질감을 느낄 수 있다면 좋을 것 같았다. 하지만 흠이 잘 나고, 물에 약해 물걸레질도 조심히 해야 한단다. 마루를 모시고 살고 싶지 않아 포기했다.

온돌합판마루 : 합판 위에 원목무늬목을 입혀 만든 것으로, 은은한 원목마루의 느낌을 살릴 수 있다. 하지만 원목마루 단점을 그대로 가지고 있다.

강마루 : 합판 위에 원목무늬필름을 입혀 만든 마루다. 당연히 원목보다는 나무 느낌이 덜 살아 덜 고급스럽다. 하지만 찍힘이 덜하고, 관리가 쉽다.

강화마루 : 강화마루는 원목과 껍질을 갈아서 압축시킨 후 강화 코팅을 한 마루다. 주로 접착제를 쓰지 않고, 비닐을 깔고 조립하는 방식이어서 공정이 쉽다는 장점이 있다. 물건을 떨어뜨려도 흠집이 나지 않는다. 단점은 물에 닿으면 모양이 변형될 수 있고, 접착식이 아니어서 층간 소음이 커질 우려도 있다.

드래곤은 여러 바닥재 중 강마루를 추천했다. 관리가 쉽고 가격도 합리적이어서 요즘 주택에는 강마루를 많이 깐다고 했다. 나는 아이를 키우다 보니, 관리 편한 게 최고라고 생각했다. 다른 가구들도 다 따져

보다가 강마루로 결정했다.

우리 집은 거실과 방은 강마루로 하고, 부엌 바닥과 욕실, 드레스 룸 바닥은 타일로 깔았다. 물이 자주 떨어지는 곳이라, 강마루로 깔면 바닥이 썩을 것 같았기 때문이다. 401호 초록네도 같은 이유로 부엌 바닥에 타일을 깔았다. 실제로 살아 보니, 물을 많이 쓰는 공간에 타일을 깐 것은 잘한 것 같다.

벽지 : 벽지에도 여러 종류가 있다. 실크벽지, 합지(종이)벽지, 친환경벽지, 뮤럴(벽화)벽지, 방염벽지 등이 있다. 사람들이 가장 많이 하는 벽지는 실크벽지와 합지벽지였다. 산뜰 기본 시공은 실크벽지였다.

합지벽지는 저렴하다. 또 인체에 해를 주지 않는다. 하지만 색이 잘 바래고, 습기에 약하다는 단점이 있다. 실크 벽지는 색이 잘 변하지 않고, 오염 물질을 쉽게 닦을 수 있어 관리가 쉽다. 단 시공 과정이 까다로워 시간이 오래 걸린다는 단점이 있다. 친환경벽지는 유해 물질을 제거하는 효과가 있어, 아토피, 비염, 천식 환자가 있는 사람들이 주로 선택한다. 뮤럴벽지는 고급스럽지만 비싸다. 방염벽지는 벽지에 방염 처리가 되어 있어 주로 어린이집에서 많이 쓴다.

이래저래 실크벽지가 가장 무난해 보였다. 다른 다섯 집은 모두 실크벽지로 결정했다. 우리 집은 남편의 강력한 주장으로 천연벽지를 하기로 했다. 남편은 자기와 아들이 비염이 있어서 꼭 천연벽지로 시공하고 싶어 했다. 남편은 천연벽지를 직접 사 와, 시공하는 사람을 구했다. 도배하는 날, 남편과 나 둘 다 출근을 하느라 현장을 지키지 못했다. 남편이 다음 날 도배 상태를 보고 화를 냈다. 벽지 시공 상태가 엉망인 부분이 있었다. 종이 이음새 부분에 까맣게 때가 타 있는 자국이 많았고, 손바닥만 한 크기의 삼각형 벽지를 덧대어 놓은 곳도 몇 군데 있었다. 천연벽지는 다른 벽지보다 두껍기 때문에 꼭 숙달된 전문가가 시공해야 하는데, 덜 숙련된 기술자들이 와서 도배를 한 모양이었다. 도배할 때는 전문가 섭외가 중요하다. 천연벽지를 써 보니 때가 잘 탄다는 단점이 있다. 각 벽지의 장단점을 잘 생각하여 벽지를 고르시길 바란다.

조명 : 조명은 시공사에서 추천하는 몇 군데 상점을 둘러보고 결정했다. 우리는 LED 전등을 선택했다. LED 전등은 일반 전구보다 비싸지만, 전기세도 싸고 거의 반영구적으로 쓸 수 있다고 한다. 이런 이유로 요즘 주택 건설 시에는 LED 전등을 많이 쓴다.

우리는 기본 디자인의 흰색 조명 다섯 개를 거실과 부엌 천장에 달았다. 내가 책을 많이 보고, 글을 쓰는 터라 밝은 조명을 원했기 때문이다. 이 때문에 나중에 다른 입주자들에게 이런 놀림을 당하기도 했다.

"조명 가게에 온 줄 알았다."

"예전에 어두운 데 살았냐? 혹시 조명 트라우마가 있는 거 아니냐?"

"단위 면적 당 전국 최고 럭스(빛의 조명도를 나타내는 단위)다."

그러거나 말거나. 나는 집이 밝아서 좋다. 아일랜드 식탁 위에는 카페처럼 레일을 깔고 갓등을 달았는데, 실제로 써 보니 밥 먹을 때 너무 눈이 부셔 거의 쓰지 않게 되었다. 갓에 먼지만 쌓일 뿐 실용적이지 않은 것 같다. 갓등을 쓰려면 너무 밝지 않은 은은한 조명이 좋을 듯하다.

산뜰 입주자들은 공사 일정에 쫓기다가 조명을 포함한 인테리어 소품들을 충분히 둘러보고 고르지 못했다. 입주자들이 이 점을 가장 아쉬워했다. 집 콘셉트에 맞는 인테리어 소품을 원한다면, 미리 발품을 팔아 소품 시장을 가 보거나 인터넷으로 알아보는 것이 좋다.

이 밖에 변기, 타일, 수전도 각자 집 개성에 맞게 가게를 돌거나, 인터넷을 뒤져서 구입했다.

건축 착공 허가 완료

8월 12일 건축 착공 허가가 났다. 철거 완료 후 본격적으로 주택 건설이 시작되었다.

13일 착공 신고를 위한 특정 공사 신고

17일 특정 공사 신고 처리

18일 착공 신고 (특정 공사서류, 시공, 감리계약서, 건설사 서류 등)

19일 착공 신고 보완 사항 구비 (허가표지판사진, 설계 감리 보증보험 등)

20일 착공 신고 보완 사항 제출

21일 착공 신고 필증 발부 예정

24일 현장 본격적인 착공, 기준틀 작업

25일 기초 공사를 위한 터 파기

26일 버림 콘크리트 타설

27일 먹 매김, 기초 철근 배근 작업

이 모든 사항은 시공사에서 알아서 해 준다. 입주자들은 설레는 마음으로 공사 현장 주변을 알짱대면 OK!

5. 건물 올라가다

민원 발생하다

"민원 없는 건축 없다!"

드래곤이 건축을 시작할 때부터 한 말이었다.

드래곤은 공사를 시작하면, 민원은 꼭 들어온다고 했다. 심한 경우에는 중장비와 인부들을 다 불러 놓고 공사를 못 하는 날이 생길 수도 있다고 했다. 그럴 때는 빨리 민원 사항을 해결하고, 공사를 재개해야 한다. 입주자들은 공사 시작 전과 빈집 프로젝트 때, 인근 이웃들에게 떡을 돌리고 공사 양해를 구했다.

공사 시작한 지 얼마 되지 않아, 옆 빌라에서 강력하게 항의해 공사가 중단되었다. 내가 생각해도 한여름에 자기 집 옆에서 공사를 한다면 정말 짜증이 날 것 같았다. 드래곤이 아빠들과 바로 출동해서 양해를 구했다. 옆 빌라 대표가 요구한 사항은 다음과 같았다.

'공사 방음벽 등 차음 시설 요망, 물 뿌리며 먼지 안 나게 공사할 것, 일요일 공사 금지. 담벼락 담쟁이 제거 및 담벼락 보수'

아빠들은 이웃들의 요구 사항을 모두 들어주고, 싹싹 빌었다고 한다. 이후에도 그 빌라 측에서 소소한 민원이 들어왔지만, 공사 기간 내내 다른 큰 민원 없이 공사가 진행되었다.

2015. 9. 2. (D-177)

철근 배근 작업, 콘크리트 기초타설

날이 갈수록, 건물 형태가 드러났다. 지하가 모습을 드러냈다.

2015. 10. 19. (D-130)

1차 마감재 미팅

각 가구들이 광년이와 함께 종로 마감재 시장에 가서 문짝, 바닥, 벽지, 도장, 타일, 위생도기를 선택했다. 시장에 원하는 제품이 없는 경우에는 인터넷으로 주문했다. 반나절, 길게는 하루 종일 걸리는 작업이어서 서로 아이를 돌봐 주기도 했다.

얼룩말은 타일을 고르고 와서 이렇게 소감을 전했다.

"우리나라 타일은 아파트에 맞추어 색상, 디자인이 한정되어 있는 것 같아. 독특하고 예쁜 타일은 외국 것이 많더라."

남편은 변기실 샤워기, 수건걸이, 휴지걸이, 샤워실 수건걸이, 세면대 받침대 등을 인터넷으로 주문했다. 시중 마트에는 원하는 디자인의 물품을 팔지 않는다고 했다. 변기실 휴지걸이 같은 경우 휴지걸이 위에 간단한 물건을 올려놓을 수 있는 제품을 찾았다. 다른 입주자들도 자기들 취향에 맞는 소품을 골랐다. 화장대에 붙일 거울, 문고리, 수전 하나하나 모두 입주자가 스스로 선택했다. 집안 분위기에 맞추어 미리 잡지, 인터넷, 건축물을 보고 원하는 스타일을 골라 놓으면 좋다.

골조 거의 완성

겉에서 보기에도 4층 건물이 거의 완성되어 보였다.

싱크대 및 가구 미팅

이제 남은 것은 싱크대 및 붙박이 가구를 선택하는 일이었다. 싱크대는 소행주 협력 업체 외 다른 업체에서도 설치 가능하며, 개별적으로 발주를 넣으면 된다고 했다. 이런 경우 소행주, 입주자, 타 업체가 함께 만나 도면 설명과 현장 설명을 진행하기로 했다.

상량식

겉에서 보았을 때 건물 형태가 완전해졌다. 소행주에서 '상량식'을 하자는 연락이 왔다. 나는 '상량식'이라는 말을 처음 들었다. 상량식이란 우리 조상들이 전통 가옥을 짓는 과정에서, 기둥을 세우고 보를 얹은 다음 마룻대를 올릴 때 지낸 제사라고 한다. 제사 음식을 마련하여 주인, 목수, 토역꾼 등이 새로 짓는 건물에 재난이 없도록 제사 지내고, 상량문을 써서 올린 뒤 모두 모여 집 짓기를 축하하는 자리다.

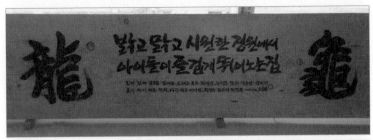

상량식

우리 상량식에 참석하신 이일훈 선생님은 오늘날 상량식은 우상 숭배가 아닌, 현장을 격려하는 의미라고 하셨다. 그간 공사를 해 주신 분들에게 감사함을 전하고, 토지를 관장하는 신께 인사를 드리는 자리인 것이다. 또 건축 과정이 어느 정도 진행되었기 때문에 이제부터는 입주자들이 '함께 사는 것'에 집중해야 한다고 하셨다. 이 말을 듣고 나니, 비로소 상량식의 의미가 와 닿았다. 입주자들은 현장 소장님

외 다른 모든 분들의 노고에 감사의 박수를 보냈다.

상량판에는 '밝고 맑고 시원한 정원에서 아이들이 즐겁게 노는 집'
이라는 글귀를 새겼다. 파랑이 만든 문장이었다. 그 아래에는 부모들
의 이름, 아이들의 이름을 하나하나 적어 넣었다.

드래곤이 고사상 앞에서 손도끼가 쓴 축문을 읽었다.

유세차

을미년 12월 6일, 하늘도 맑고 푸른 오늘,

천년의 정기가 서린 부천 성주산 자락 아래 부천 소행주 '산뜰' 상량을
천지신명께 엎드려 아뢰나이다.

산 어린이집에서 같이 아이를 키우고자 만난 인연으로

한 지붕 아래에서 아웅다웅 살게 될 여섯 가족이 이 자리에 모였나이다.

다 함께 더불어 살고자 하는 마음으로,

넓은 뜰에서 아이들이 즐겁게 뛰어노는 모습을 보고픈 마음으로,

부천 성주산 자락 한 귀퉁이에 '산뜰'이라는 터전을 마련하였습니다.

천지신명이시여!

긍정의 에너지로 화기애애한 산뜰을 만들어 줄

101호 민준, 앵무새, 얼룩말네

말보다 행동으로, 믿음이란 두 글자의 의미가 무엇인지 보여 주는

102호 다인, 살구, 파랑네

변함없고 꿋꿋이 세파에 흔들리지 않고 살아가는
202호 도윤, 재윤, 참새, 손도끼네

우직하고 느린 황소처럼 믿음직스럽고 든든한
301호 용성, 지현, 또치, 누렁소네

언제 어디서나 마음을 내줄 준비가 되어 있는 열정과 섭세함의 조화
402호 서윤, 현서, 미키, 로이네

터전의 수장으로 불가능이 없다는 것을 보여 주는 열성파
401호 최다인, 초록, 드래곤네

부디 여섯 색깔 여섯 가족이 무탈하게 산뜰에서 행복한 가정을 이루고
화목하게 살 수 있도록 굽어살피시옵소서.

우리 여섯 가족의 집 짓기는 첫 모임부터 지금까지 즐거움과 행복의 연
속이었습니다. 세대별 층을 나눌 때도, 지하 공간을 결정할 때도, 민원이
들어왔을 때도, 모든 일들이 순조롭게 잘 진행되었던 건, 여섯 가구 모두
가 마음을 모아 함께하고 한결같이 마음을 내어 주고 이해했기에 가능한
일이었다 생각되옵니다.

앞으로 남은 공사 마무리될 때까지, 아니 10년, 20년, 평생 이 마음 변치 않고 화목하게 살 수 있도록 천지신명께 빌고 또 비나이다.

천지신명이시여!
오늘 이렇게 마음과 정성을 담아 기원하오니!
준공까지 순조롭고 안전하게 마무리될 수 있도록 지켜 주시옵고,
또한 이 터전이 대대손손의 터전이 될 수 있도록, 튼튼하고 건강하고 행복이 깃든 터전이 될 수 있도록, 무엇보다도 우리 아이들이 세상에 상처받고 아프고 힘들 때 언제나 기댈 수 있는 따뜻한 고향이 될 수 있도록 보우하여 주소서.

산뜰의 행복한 기운과 아이들의 밝고 맑고 명랑한 웃음소리가 송내동 마을 전체로 퍼져 나가 마을도 함께 어우러져 살게 해 주시옵고, 마을 공동체 만들기의 선구자 소행주의 사업도 번창하여 사람 사는 냄새가 듬뿍 나는 행복한 집을 많이 지을 수 있도록 살펴 주시옵소서.

마지막으로 402호 로이가 힘든 치료를 잘 견뎌내고 병마를 훌훌 털어, 건강한 모습으로 새 터전에서 행복하게 지낼 수 있도록 지켜 주시옵소서.

상향
2015. 12. 6. 부천 소행주 산뜰 일동

드래곤이 축문을 읽자, 분위기가 숙연해졌다. 축문에 우리가 집을 지은 지난 9개월이 고스란히 녹아 있어 울컥했다.

집을 직접 짓는 경험이 처음이니, 당연히 상량식을 하는 경험도 처음이었다. 집을 짓기 전 치른 '빈집 프로젝트'와 집을 거의 완성한 후 치른 '상량식'. 이 두 행사는 새집에 대한 각별한 의미를 갖게 해 주는 행사였다.

2016. 2. 20~21. (D-6)

1박 2일 여행

입주를 꼭 일주일 앞둔 시점, 산뜰 입주 예정자들은 1박 2일 엠티를 갔다. 장소는 강화도의 한 펜션이었다. 그곳에서 그동안 공사하면서 마음에 담고 있던 느낌도 나누고, 앞으로 어떻게 살지도 이야기해 보는 자리를 가졌다.

산뜰 가족들은 앞으로 살면서 '꼭 할 일'과 '하지 말아야 할 일'을 정해 보았다. 입주자들이 꼭 하고 싶은 일, 해야 할 일은 '하고 싶은 일'에 넣었고, 조금이라도 거리끼는 것이 있으면 '하지 말아야 할 일'에 넣었다.

우리가 정한 규칙은 다음과 같았다.

하고 싶은 일
1. 월 1회 정기 모임 (그 달 생일자 축하 합동 파티)
2. 연 1회 전체 여행
3. 공용 공간 사용 후 정리정돈
4. 무지개방 사용 시 미리 통지
5. 불평불만 이야기하기

하지 말아야 할 일

1. 계단 및 공용 공간에 개인 물건 금지(쓰레기 등)
2. 남 얘기 금지
3. 산뜰 전체 금연
4. 아이들 음식(간식), 미디어 주의

저녁 바비큐 후, 드래곤에게 감사패를 전달하는 깜짝 이벤트를 열었다. 그간 드래곤이 추진위원장으로 입주자와 시공사 중간에서 고생한 덕에 일사천리로 공사가 진행되었다. 그 고생을 알기에 드래곤네를 제외한 다섯 가구가 따로 상의하여 감사패를 만들었다. 작은 선물도 마련해 드래곤에게 감사를 표했다.

뜻밖의 선물을 받고, 드래곤이 울먹였다. 드래곤이 손도끼를 얼싸안으며 말했다.

"형님이 계셔서 정말 제가 든든했어요."

손도끼도 드래곤을 꼭 안아 주었다. 모두 돌아가며 소감 발표를 한 마디씩 했다. 먼저 산뜰 제일 연장자 손도끼가 말했다.

"서로 표현하며 삽시다. 힘든 것은 힘들다고, 좋은 것은 좋다고요."

다른 입주자들의 소감은 다음과 같다.

"산뜰에서 제가 어린 시절 시골 동네에서 느낀 정을 느꼈으면 좋겠어요."

"오늘 같은 날이 올 줄 몰랐는데, 오네요. 나중에 오늘을 기억하며 '그때 그렇게 설렜지' 하고 생각하면 좋겠어요."

그동안 고생한 코디네이터 광년에게도 한 말씀 부탁드렸다.

"산뜰 가족들이 잘 살고 계시다는 얘기가 들리면 좋겠어요."

속도전 세상이다. 무엇이든 빨리빨리, 과정보다는 결과를 중시하는 시대이다. 우리 조상들은 세시 절기라 하여 시간을 매듭 지어 계절의 한 순간 한 순간을 기념하고 즐기며 살았다. 요즘은 집 짓는다고 하면 빨리 건물 부수고, 후딱 완공해서, 허겁지겁 들어가 산다. 혹은 이미 완성된 집을 골라 들어가 산다.

하지만 산뜰 사람들은 조상님들이 세시 절기 누리며 1년이라는 시간을 의미 있게 보냈던 것처럼, 집 짓는 과정을 즐겼다. 처음 집을 지을 때는 빈집 프로젝트를 하며 새 집터에서 하루를 보내며 설렜다. 집 짓는 11개월간 입주자들은 연애하는 기분으로 서로 알아 가고 친해졌다. 도면을 그릴 때는 내가 어떻게 살지를 생각해 보았고, 공사 도중에는 공사 현장에 가서 새집에 들어가 살 기대에 부풀었다. 상량식을 하며 무사히 공사가 막바지로 접어든 것에 감사했다. 그 마지막 단계에 1박 2일 엠티가 있었다. 집을 다 짓고 입주하기 직전, 그간 집을 지으며 느낀 소회를 나누는 자리였다.

공동체 주택을 지으신다면, 처음 집을 짓기로 결정한 순간부터 마지막 소감을 나누는 순간까지 모두 추억으로 남겨 보시길 바란다.

이제, 입주가 코앞이다!

2016. 2. 26. (D-DAY)

준공 허가

준공 허가가 났다.

6. 입주

입주

드디어 산뜰에 입주했다.

이틀 전, 손도끼네가 먼저 이사 와 있었다. 대문을 열고, 1층 계단을 밟는 순간, 이 경험이 내 인생의 전환점이 되리라는 생각이 들었다. 같은 날, 4층 미키네도 함께 이사 왔다. 이사하는 내내 참새가 우리 집 아이와 미키네 두 아이를 보살펴 주어 고마웠다. 정신없이 짐 정리를 하고 있자니, 참새가 내려왔다.

"와서 점심 먹어."

참새가 맛있는 반찬을 가득 차려 놓고 우리를 초대했다. 세 가구가 숟가락을 달그락거리며 밥을 먹다 보니, 앞으로의 생활이 기대됐다. 참새네 창밖으로 우리를 축복하듯 소담스럽게 눈이 내렸다.

다음 날도, 그 다음 날도, 참새는 우리 집이 대충 정리가 끝날 때까지 밑반찬을 만들어 주었다. 다음 집인 살구가 이사 왔을 때는 내가 밥을 차려 주었다. 우리는 그 다음 집이 들어오는 날마다 밥을 해서 함께 먹었다. 한 달 후, 또치네가 들어와 완전체가 되는 날까지, 입주자들은 자주 모여 함께 밥을 먹었다. 특히 품이 넓은 미키가 이웃들 얼굴만 보면 이렇게 말했다.

"밥 먹고 가!"

그렇게 우리는 함께 밥을 먹는 식구(食口)가 되어 갔다.

Part 2

공동체 주택 짓기 **소프트웨어** 편

집 짓는 데 돈과 시간 말고
필요한 것

산뜰에 사는 사람들

402호(복층)
아빠 로이
엄마 미키
아이 서윤(9세),
현서(8세)

401호
아빠 드래곤
엄마 초록
아이 다인(7세)

301호
아빠 누렁소
엄마 또치
아이 용성(6세), 지현(4세)

202호
아빠 손도끼
엄마 참새
아이 도윤(10세), 재윤(7세)

201호
무지개방
(커뮤니티실)

102호
아빠 파랑
엄마 살구
아이 다인(7세)

101호
아빠 얼룩말
엄마 앵무새
아이 민준(8세)

1. 어떻게 살 것인가

흔히 집을 짓는다고 하면, 어떤 모양으로 짓고, 어떤 자재를 쓸까 하는 '하드웨어'만 생각한다. 즉, '집 짓기=건축 혹은 인테리어'라고 생각하는 것이다.

나도 처음 집을 짓는다고 했을 때, 가장 먼저 '인테리어'를 떠올렸다. 텔레비전에 나온 어느 연예인의 집처럼 모던하게 꾸며 볼까? 아니면 목재로 따뜻한 느낌이 나게 꾸며 볼까? 창가를 평상처럼 꾸며 볼까?

하지만 빈집 프로젝트 때 건축가 이일훈 선생님 말씀을 듣고, 이 생각이 완전히 깨졌다.

"여러분, 집을 지으려고 생각하신다면, 먼저 어떻게 살지를 고민하세요. 빨간 벽돌집을 지을지, 파란 벽돌집을 지을지 생각하지 마십시오."

집을 지을 때, 하드웨어인 '건축물·인테리어'보다 소프트웨어인 '어떻게 살 것인가'를 먼저 생각해 보라는 이야기였다. 집을 어떻게 꾸며야겠다는 고민보다 '어떻게 살 것인가'가 중요하다는 생각을 그때 처음 했다. 각 가구는 도면 그리기에 앞서 어떻게 살고 싶은지 생각하기 시작했다.

산뜰, 어떤 마음으로, 어떻게 지었을까?

산뜰 여섯 집은 모두 어린아이를 키우는 집이다. 따라서 각 집을 어린아이를 키우는 3~4인 가족이 살게끔 설계하였다. 우리 집은 앞서 자세히 설명했으니 다른 다섯 집이 어떤 마음으로 집을 지었는지 소개하겠다.

102호 : "아빠도 혼자만의 공간이 필요해!"

가족 구성원 : 파랑, 살구, 다인(7세)

파랑네는 결혼 이후 줄곧 오피스텔에서 살았다. 그때는 안방에서 세 식구가 잤는데, 파랑이 출근 준비할 때 곤란한 상황이 많았다. 안방에 장롱과 화장대가 있어서, 아침에 아이가 자고 있는데 안방 불을 켜야 했다. 그럴 때마다 아이가 깰까 조마조마했다.

산뜰 새집에는 안방 안에 드레스 룸과 화장실을 두되, 각각 불을 켤 수 있게 했다. 방 크기는 딱 잠잘 수 있는 정도로만 짰다. 안방, 아이방 모두 북향으로 두었다. 가족이 주로 생활하는 부엌과 거실은 남향에 두었다. 안방 화장실에는 인터넷에서 어렵게 찾은 '세상에서 가장 작은 세면대'를 넣었다.

부엌에 아일랜드 식탁을 두어 아이를 보면서 주방 일을 할 수 있게 설계했다. 18평이라는 제한된 평수에 방 두 개, 드레스 룸, 화장실을

넣다 보니 처음에 벽을 사선으로 설계하는 과감함을 보였다. 소행주 측에서 '획기적이다, 창의적인 디자인이다'라고 극찬했으나, 시공이 어렵다는 이유로 일반 벽으로 수정되었다.

파랑은 화장실을 두 개 만들었다. 아빠도 혼자만의 공간이 필요한데, 그 공간이 화장실이었다. 나중에 딸이 커서 셋이 함께 출근, 등교 준비할 때를 대비해서 꼭 화장실은 두 개가 필요할 거라 생각했다. 파랑은 거실 끝에 텔레비전과 푹신한 소파를 놓을 계획을 세우며, 또 다른 아빠만의 공간을 꿈꾸었다.

202호 : "탁 트인 집"

가족 구성원 : 손도끼, 참새, 도윤(10세), 재윤(7세)

손도끼는 현관문을 열자마자 바로 씻을 수 있게 화장실과 세탁실을 두었다. 왼쪽에는 거실을 두었다. 손도끼는 남향 가장 넓은 공간을 거실로 설계했다. 활동적인 남자애 둘을 키워서 거실에서 공도 차고 뛰어놀 수 있게 탁 트인 공간을 만들어 주고 싶었다. 또 가족들이 집에 오면, 각자 방으로 쏙쏙 들어가 버리는 게 아니라, 거실에서 함께 생활하기를 바랐다. 거실 북쪽에 부엌을 두었는데, 식탁을 부엌 안으로 넣지 않고, 거실에 두었다. 식탁을 널따랗게 짜서 가족들이 함께 공부도 하고, 식사도 하는 공간으로 마련했다.

현관문에서 오른쪽 공간은 방 두 개를 두어 휴식하는 공간으로 만들었다. 방은 잠만 잘 수 있게 작게 만들었다.

거실 서쪽 바닥엔 따로 열선을 깔았다. 나중에 큰아이가 중학생이 되면 벽을 쳐서 방 하나를 만들어 줄 생각이다.

3이호 : "엄마가 행복한 집"

가족 구성원 : 누렁소, 또치, 용성(6세), 지현(4세)

또치는 어린 두 아이를 키우다 보니, 아이들이 항상 엄마 눈에 보였으면 하는 바람이 있었다. 부엌을 거실 끝에 두고 아일랜드 식탁을 놓았다. 그곳에서 아이들이 노는 거실을 바라볼 수 있게 했다. 거실은 놀이 공간으로 만들었다. 지금은 아이가 어려 거실에서 주로 생활하기 때문에 거실을 넓게 설계했는데, 나중에 큰아이가 사적인 공간이 필요하다고 하면, 방을 만들어 줄 수 있게 바닥에 따로 열선을 깔아 놓았다.

또치가 가장 신경 쓴 곳은 주방이다. 주방은 엄마가 가장 많이 지내는 공간이고, 가족들이 밥을 함께 먹는 곳이기에 동선을 최대한 엄마가 쓰기 편하게 짰다.

화장실은 하나만 두었다. 바로 아래층 커뮤니티실에 샤워 시설과 변기가 있기 때문이다. 화장실 왼편 공간은 드레스 룸과 세탁실로 꾸몄다. 아파트 살 때는 안방 옆에 드레스 룸이 있었고, 아이 방 안에 옷장이 있어 집안 곳곳이 옷으로 어질러지기 일쑤였다. 또치는 가족들의 모든 옷을 드레스 룸으로 모았다. 그러자 두 가지 장점이 생겼다. 옷장이 방 안에 없으니 방은 잠

잘 정도로만 작게 만들어도 됐다. 그래서 방은 작은 크기로 두 개만 만들었다. 그리고 드레스 룸 한 공간에 가족들의 옷이 모두 있으니, 집안 정리가 한결 수월해졌다.

4이호 : "청결과 휴식"

가족 구성원 : 드래곤, 초록, 다인(7세)

이 집의 테마는 '청결과 휴식'이다. 초록은 "난 여유 시간의 대부분을 집안 치우는 데 쓰는 것 같아. 지금까지 나온 국내외 유명 청소기를 모두 사용해 본 적 있어"라고 말할 정도로, 성격이 깔끔하다.

현관문을 열고 들어가자마자 정면에 화장실이 있다. 이곳에서 발을 닦은 자만이 이 집을 돌아다닐 수 있는 자격을 얻는다. 화장실에서 정화의 시간을 갖고, 왼쪽으로 가면 드레스 룸이 있다. 드레스 룸 밖 북쪽에 베란다를 만들어 세탁기, 건조기를 두었다.

현관문 오른쪽으로 가면 거실과 부엌이 나온다. 부엌 바닥은 물기가 떨어졌을 때 관리를 쉽게 하기 위해 타일을 깔았다. 거실 한쪽에 붙박이 평상 의자를 두었다. 북쪽 창가에는 평상 느낌이 나는 아빠만

의 공간을 만들었다.

초록네는 꼭대기 층이라 다락을 만들 수 있었다. 우리나라 건축법상, 다락은 등기에 들어가지 않는 서비스 면적으로 활용할 수 있다. 단, 층 높이 1.5미터 이하여야 하고, 열선을 깔지 않아야 한다. 초록네는 아늑한 다락을 만들어, 가족들이 편안하게 쉴 수 있는 휴식 공간으로 삼았다.

402호 : "재미있고 친밀한 공간"

가족 구성원 : 로이, 미키, 서윤(9세), 현서(8세)

이 집은 복층으로 각 층 면적은 13평씩이다. 우리나라에서는 복층이 흔한 구조가 아니다. 그래서 집을 지을 때 이 공간을 최대한 재미있게 살려 보려고 노력했다. 미키는 한 층은 생활공간으로, 한 층은 휴식 공간으로 쓰리라 마음먹었다. 가족들이 취침 시간 전까지는 생활공간에서 얼굴 보고 생활하고, 취침 시간에는 휴식 공간으로 함께

가 쉬니까 가족들끼리 더 친밀하게 지낼 거라 기대했다.

3, 4층 공간은 정사각형이 아니다. 301호와 401호의 작은 방 부분만큼 복도가 생기는 구조다. 처음에 로이네는 아래층을 거실과 부엌으로, 위층을 방으로 꾸몄다. 남매를 키우고 있어 방 3개가 필요했다. 로이네도 집에 들어오자마자 씻고 옷을 갈아입고 세탁할 수 있는 공간을 구상했다. 그런데 이 공간을 방이 있는 층에는 면적이 좁아 넣을 수가 없었다.

고심 끝에 도면 설계 마지막 단계에서 아래층과 위층의 도면을 맞바꾸었다. 주 출입구를 4층에 두고, 이곳에 드레스 룸 공간, 부엌, 거실 등 생활공간을 두었다. 3층에는 침실 세 개를 두었다. 아이들이 아직 어려, 각 방들이 서로 마주 보게 설계했다. 로이는 이를 '세 방의

소실점이 만난다'고 표현했다. 로이가 가장 심혈을 기울인 부분은 3층 남매 방 사이에 아빠만의 공간을 만든 것이다. 부인 미키가 아들 방 줄어든다고 구박을 했지만, 절대 포기할 수 없는 공간이었다.

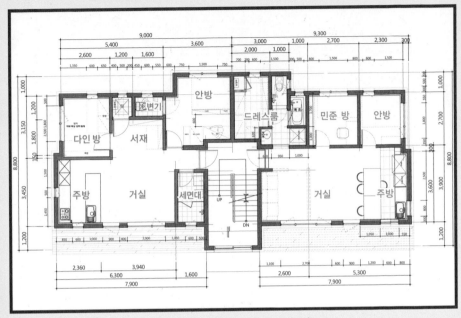

1층 전체 평면도(102호 · 101호)

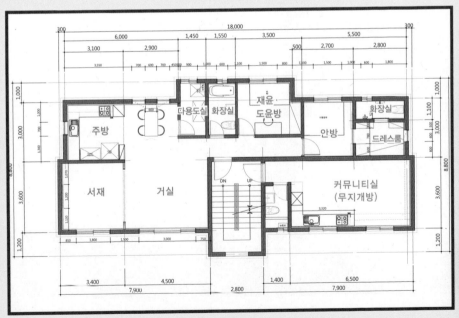

2층 전체 평면도(202호 · 커뮤니티실)

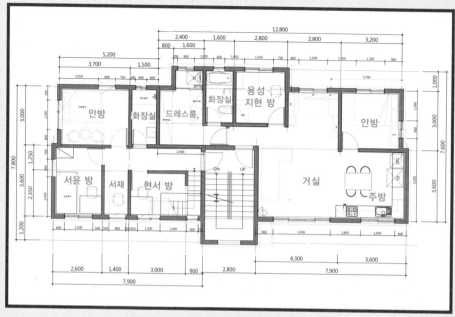

3층 전체 평면도(402호 아래층 · 301호)

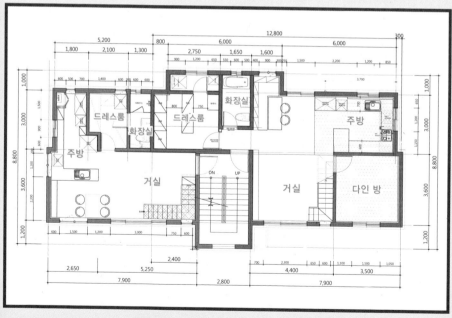

4층 전체 평면도(402호 위층 · 401호)

Tip. 산뜰 가족 여섯 개 도면의 공통점

여섯 가구가 서로 상의한 것도 아닌데, 결과적으로 비슷한 모양인 집이 많았다. 아이들을 키우는 집이라 그런 것 같다. 공통점을 간추려 보면 다음과 같다.

1. '세탁실–화장실–드레스 룸'을 한 공간에!
여섯 가구 중 네 가구가 집에 오자마자 씻고 옷을 갈아입을 수 있는 '세탁실–화장실–드레스 룸' 공간을 설계했다.

2. 방은 작게, 거실은 크게!
대부분 가정이 방을 잠만 잘 수 있는 아담한 사이즈로 설계했다. 구성원이 거실에서 생활하는 시간이 많기에, 대부분 거실을 넓게 설계했다.

3. 가족들을 한눈에 볼 수 있게!
아이들 키우는 집이 많아서 부엌에서 엄마들이 일하면서 아이들이 노는 모습을 볼 수 있게 설계한 집이 많았다. 이런 이유로 네 가구가 부엌에 아일랜드 식탁을 놓았다.

4. 거실 한쪽을 언젠가는 방으로 만들 수 있게!
세 가구가 거실에 바닥 열선을 따로 두어, 나중에 아이들이 컸을 때 방으로 쓸 수 있게 했다.

5. 화장실은 바로 환기 가능하게!

모든 집 화장실이 외부와 맞닿은 면에 설치되었다. 화장실, 욕조는 습기가 차면 금방 곰팡이가 피기 마련이다. 바로 창문을 열어 환기를 할 수 있게 했다.

2. 좋은 이웃은 노력해서 얻는 것이다

언젠가 공동체 주택에 살게 된다면?

"우리 결혼하면 커플들끼리 윗집, 아랫집에서 함께 살자."

"여자 혼자 지내는 게 무섭고 적적해. 여럿이서 함께 사는 집이 있다는데 들어가 살아 볼까?"

"친족처럼 지내는 우리 교회 가족들, 전셋값도 비싼데, 집 한 채 지어서 같이 살아 보자."

"은퇴하고 시골에 땅 사서, 친한 친구 부부 여럿 모여 살면 어떨까?"

"요즘 노인들을 위한 코하우징 주택이 있다던데, 홀로 되신 어머님께 권해 볼까? 어머님이 혼자 계시다 무슨 일 생기실까 봐 걱정돼."

사람들은 한 번쯤 친한 사람들과 함께 사는 꿈을 꾼다. 언젠가 텔레비전에서 세 자매가 결혼하고 집을 지어 함께 사는 모습을 본 적 있다. 사이좋은 자매라면 꿈꿔 볼 일 아닌가? 단짝 친구, 가족, 종교 공동체, 마을 사람들끼리 함께 집 지어 살고 싶은 사람들이 있을 것이다.

요즘은 협동조합으로 낯선 사람들이 모여 함께 집을 짓기도 한다. 기존에 지어진 여러 공동체 주택이 몇몇 가구가 모이면 수도권 아파트 전셋값으로 내 집 마련을 할 수 있다는 걸 보여 주고 있다.

앞으로는 이와 같은 대안 주택들이 더욱 늘어나리라 예상된다. 이런 추세라면, 한 번쯤은 가족이 아닌 타인과 함께 사는 '코하우징'을 어떤 형태로든 경험해 볼 수도 있을 것이다.

그러나 한 집에 여러 가구가 사는 '코하우징'은 쉬운 일이 아니다. 공동체 주택에 대한 글 아래 달린 댓글 중 '난 친구와 이웃 하고 싶지, 이웃과 친구 하고 싶지 않다'는 내용이 있었다. 친하지도 않은 사람들과 어떻게 같은 공간에서 산단 말인가?

예전에 한 공동체 주택에 사는 미혼 여성과 이야기를 나눌 기회가 있었는데, 그녀는 신발장에서 신발을 벗으면서부터 깊은 한숨이 나온다고 했다.

'내가 꼭 저 공간 안으로 들어가야 하나? 아무도 마주치고 싶지 않다.'

일반적인 원룸이나 고시원, 오피스텔과 달리 공동체 주택은 입주자들이 좀 더 자주 만날 수밖에 없는 구조이다.

로이는 공동체 주택에 관해 이렇게 말했다.

"공동체 주택을 지으려는 분들 중에서 '싼값에 마당 있는 집, 육아 해방되는 집을 짓는다'는 생각을 갖고 계신 분들은 그 환상을 먼저 내려놓으셔야 합니다. 개인 각자의 욕구 때문에 짓는 집이지만, 결국 가장 중요한 것은 개인의 욕구보다는 '함께 사는 사람들과의 관계'이기 때문입니다."

만약 한 입주자가 마당에서 아이들과 논다고 치자. 다른 입주자들이 "저 사람 때문에 시끄럽다"고 불평하면, 그 마당은 자기의 마당이 될 수 없다. 마찬가지로 어떤 입주자가 옥상을 즐기고 싶은데, 다른 입주자들이 이를 못마땅하게 여긴다면 그 옥상은 자기의 옥상이 될 수 없다. 실제로 한 공동체 주택에서 입주자 간 갈등이 빚어져 입주자들이 괴로워한다는 이야기도 전해 들은 바 있다.

'행복한 가정은 모두 모습이 비슷하고, 불행한 가정은 모두 제각각의 불행을 안고 있다.'

톨스토이 『안나 카레니나』의 첫 문장처럼, 행복하게 사는 공동체 주택 입주자들의 모습은 모두 비슷한데, 불행하게 사는 공동체 주택 입주자들은 각기 다른 이유로 괴로워한다. 누군가는 경제적으로 자기에게 유리한 점만 쏙쏙 챙기는 이웃을 보며 마음이 상할 수도 있다. 누군가는 이웃과 성격이 맞지 않아 힘들 수도 있다. 이웃이 공동체 의무를 다하지 않아, 이웃을 얄미워할 수도 있다. 사소하게는 이웃이 기르는 개 짖는 소리가 듣기 싫어서 고통스러울 수도 있다. 이외에도 많은 갈등 사례가 있다.

산뜰에 많은 분들이 찾아와 '공동체 주택에 살면서 갈등은 없냐?'고 묻는다. 나는 이 질문은 큰 의미가 없다고 생각한다. 설령 공동체 주택 갈등 사례를 미리 알고 고민한다고 한들, 그것들을 모두 해결할 수 있는 뾰족한 해답이 있을 리 만무하기 때문이다.

집 짓는 일은 한두 푼 드는 일이 아니다. 대부분 사람들은 거의 전 재산을 들여 집을 짓는다. 집을 짓는 동안, 신경 쓰고 결정할 일이 한 두 가지가 아니다. 이런 지난한 과정을 거쳐 집을 지었는데 이웃이 마음에 들지 않는다면? 그 공동체 주택에 거주하는 것 자체가 고역일 것이다. 따라서 공동체 주택에서 잘 지내려면 집 짓는 과정에서 이웃들과 친해지고 이웃들을 이해하려는 노력이 반드시 필요하다.

소프트웨어도 생각해야 한다

아파트나 빌라, 단독 주택까지 우리가 사는 모든 주거 형태에는 이웃이 있다. 이웃과 사귀려는 별다른 노력을 하지 않으면, 이들과 남남으로 지내기 마련이다. 공동체 주택도 마찬가지다.

산뜰 가족들은 어린이집에서 만났지만, 여섯 가구 모두 서로 친한 사이는 아니었다. 원래 공동 육아는 참여하는 모든 가족이 친하게 지내며 함께 아이를 키우자는 취지로 생겼지만, 맞벌이하는 부모들이 많다 보니 모든 가구가 친하게 지내기 어렵다. 같은 방 아이 부모들끼리는 교류가 있고 친하지만, 다른 방 부모들끼리는 그러기 쉽지 않다.

우리 여섯 가구도 처음에는 어색했다. 애초에 '친한 몇 가족끼리 집을 지을 거야'라고 한 게 아니라 '산집 가족들 중 원하는 가구 모이세요'라고 모집을 해서 지은 경우라 처음에는 입주자들끼리 서먹했다. 그러다가 세대 간 평수와 층수 협의 후, 자주 만났다. 소행주 측에서 '다음 모임 때는 공용 공간을 합의할 예정입니다'라고 하면 그 전 주에 모여 우리 의견을 모으는 식이었다.

아직 본격적인 공사가 시작되기 전, 내가 산뜰 가족끼리 사용하는 SNS에 '입주자 교육 후기 올렸어요'라는 글을 올린 적 있다. 산뜰 입주자들이 이런 댓글들을 달았다.

'아, 앵무새 이름이 김은재군요.'

'아, 오늘 앵무새 본명 처음 알았어요.'

우리는 서로 본명도 모르는 사이였다.

2015년 3월부터 시작해 2016년 2월 입주하기까지 11개월 동안 입주자들은 자주 만났다. 함께 도면도 그리고, 회의도 많이 했다. 입주자 교육도 받고, 때로는 그냥 모여 놀기도 했다. 엄마들끼리 차 한 잔 마시고 헤어지기도 했다. 그러면서 조금씩 친해졌다. 어쩌다 만남이 뜸해지면, 서로를 궁금해하기도 했다.

물론 산뜰 가족들은 그래도 일면식은 있었고, 같은 지역에 살았기에 자주 모일 수 있었다. 하지만 다른 공동체 주택 입주 예정자들은 상황이 각기 다르다. 최근에는 국가나 지자체에서 땅을 임대해 주고 공동체 주택을 짓는 모델도 생겼다고 하니, 생전 처음 본 사람들끼리 함께 살아야 하는 경우도 있을 것이다. 적당한 땅이 있어, 사람들을 협동조합 형식으로 모집할 수도 있다.

처음부터 친한 친구나 가족들끼리 모여 집을 지은 경우를 '열렬히 연애해서 결혼한 사이'로 비유한다면, 처음 보는 입주자들끼리 잘 살 확률은 '생판 처음 보는 사람과 선보고 결혼해서 잘 살 확률'에 가깝다.

사실 남녀 둘이 만나 결혼해서 사는 것도 쉽지 않은 세상이다. 서로 헤어지기 싫어서 같이 살기로 했는데, 막상 결혼하면 서로 맞춰 나갈 일이 한두 가지가 아니다. 결혼에 앞서, 결혼식을 어디서 할지, 집은 어디에 마련할지도 중요하다. 하지만 가장 중요한 것은 두 사람이 함께 살아갈 준비가 되었는지, 살면서 갈등이 생겼을 때 함께 헤쳐 나갈 수 있는 의지와 문제 해결 능력을 갖췄는지를 점검해 보는 일이 아닐까. 한 지붕 아래 여러 사람들이 모여 살려면 더더욱 많은 준비가 필요하다.

공동체 주택에서 낯선 사람들이 만나 함께 잘 살아가는 것은 건물 외관을 완성하는 것만큼이나 중요한 일이다. 보통 집을 짓는다고 하면 하드웨어적인 건축만 생각한다. 그러나 공동체 주택을 지으려면 함께 사는 사람들과 어떻게 살지 생각해 보는 소프트웨어적인 면도 반드시 생각해 보아야 한다.

입주자 소통 교육을 받으며 서로 알아 가다

각 세대별 도면을 완성하고, 내부 인테리어 구상에 총력을 다하려던 찰나, 소행주 측에서 이런 알림 사항을 전해 왔다.

"의사결정방법론 교육이 있습니다. 일정 잡아 주세요."

어안이 벙벙했다.

'왜 집을 짓는데, 건축 관련 교육도 아니고, 의사결정방법론 교육을 들으라고 하지?'

입주자들은 주중에는 생계를 위해 직장에 다녔다. 또 주중에 남는 시간과 주말에는 자기 집 도면, 인테리어 신경 쓰느라 정신이 없었다.

이럴 때, 갑자기 건축과 별 상관없어 보이는 교육을 받으라니 황당했다. 그러나 산뜰 입주자들은 별말 없이 모였다. 집 짓자는 말이 나온 지 꼭 4개월 만인 7월에 첫 입주자 교육인 의사결정방법론 교육을 받았다.

막상 교육을 다 듣고 나니, 꼭 필요한 내용이라는 생각이 들었다. 공동체 주택을 지으실 분들이라면 시공사가 어디든 입주자들끼리 뜻을 모아 '의사결정방법론' 교육을 꼭 들어 보시길 권한다.

강사님이 "의사결정방법에는 만장일치, 다수결, 합의제, 위임과 명령, 최다 득표가 있습니다"라고 알려 주었다. 우리는 어떤 방식의 의사결정이 공동체를 위해 좋은 방법인지 생각해 보았다. 한집에 살면서 어떻게 '소통'을 해야 하는지에 관해서도 의견을 나누었다. 산뜰 입주자들은 공동체를 위해 가장 좋은 방식은 '합의제'라고 결론을 내렸다. 사실 산뜰 입주자들은 이미 산집 총회에서 '합의제'를 경험해 본 바 있다.

'합의제'란 다수결처럼 많은 사람들이 선택한 걸 결정하는 방법이 아니다. 모든 구성원이 자기 의견을 솔직하게 이야기하고 가장 좋은 방법을 모색해 나가는 방식이다. 따라서 모두가 수긍하는 답이 나올 때까지 시간이 오래 걸리는 경우가 많다. 신라 시대 '화백회의'나 로마 교황을 선출하는 '콘클라베'가 만장일치 방식으로 알려져 있는데, 합의제가 이 '만장일치제'에 가까운 것 같다. 모든 구성원이 합의할 때까지 '끝장 토론'을 하기 때문이다.

산집에서도 회의할 때 한 안건에 대해 모든 사람의 의견을 듣고 점

차 합의점을 찾아 나간다. 나는 산집 총회에 처음 참석하고 난 후, 충격을 받았다.

'사람마다 같은 안건에 대해 해석하는 시각도 다르고, 해결 방식도 이렇게 다 다르구나. 심지어 나는 확고히 이 생각을 가지고 있었는데, 저 사람 말을 들으니 생각이 순식간에 바뀌기도 하는구나.'

산집 총회에서 기억에 남는 사안은 '산집 재건축'에 관한 것이었다. '새 산집을 2층으로 만들 건지, 3층으로 만들 건지'에 대해 새벽까지 토의를 하면서도, 모든 조합원의 의견을 반영해 정해진 시간 내에 건축을 완료했다. 합의제가 가장 느리고 비효율적으로 보이지만 가장 빠르고 건설적인 방식이라는 것을 그때 깨달았다.

산집 총회를 지켜보며, 지금까지 살면서 한 번도 '민주적 의사결정 방식'을 익혀 본 적 없다는 사실을 깨달았다. 학창 시절 토의, 토론을 책으로만 배웠지 실제로 해 본 적이 없기도 했다. 그저 선생님이나 교수님 말씀을 일방적으로 받아 적기 바빴다. 그동안 내가 접한 의사소통은 윗사람이 "너 이거 해" 하면 "네" 하는 일방적 상명하복 방식이었다. 사람들의 생각이 이처럼 다채로울 수 있고 사람들은 다 나와 다르다는 것을 눈으로 보며 깨달은 것은 산집 총회가 처음이었다.

산집 총회는 '합의제'로 이루어지기 때문에 일부 성격 급한 부모들은 답답해했다. 또 일부 부모들은 산집 의사 결정이 기업의 의사 결정처럼 효율적이지 않다는 이유에서 반항(?)을 자주 했다. 하지만 시간이 흐르면서 그런 부모들도 '합의제'가 효율적이지 않고 더디긴 하지만, 구성원 모두가 존중받는 방식이라는 걸 깨닫게 되었다. 회의할 때

자기가 하고 싶은 말을 다 하니 뒷말이 없다는 장점도 있었다.

이처럼 산뜰 가족들은 산집 총회를 통해 '합의제'에 익숙해져 있어서, 의사결정방법론 강의를 쉽게 이해할 수 있었다. 이미 건축 초기 단계부터 합의제로 산뜰 공용 공간이나 집에 대한 크고 작은 문제를 상의해 왔다. 지금도 마찬가지다. 어떤 문제가 터져 상의할 일이 있으면 짜증 내거나 초조해하지 않는다. 산뜰 입주자들은 한 사안에 대해 모두 자기 목소리를 낸다. 그러면서도 언제든지 다른 입주자의 의견이 더 낫다고 생각하면 그 의견을 받아들일 자세가 되어 있다. 기본적으로 '다 같이 지혜를 모으고 합의해 나가다 보면 분명 좋은 수가 있을 거야'라고 생각한다. 그러다 보니 한 가지 문제를 결정할 때, 시간이 오래 걸리지도 않는다.

공동체 주택을 지으시려는 분들 중에는 산뜰 가족들처럼 '공동체에서 소통하는 법'에 대한 경험이 있는 사람도 있고, 전혀 없는 사람들도 있을 것이다. 때문에 의사결정교육을 통해 잠시나마 '어떻게 하면 공동체 주택에서 원활하게 소통하며 살 수 있을까?'를 고민해 보는 것이 큰 도움이 될 것이다.

공동체의 크고 작은 문제를 '사다리 타기', '제비뽑기', 더 나아가 우리가 알고 있는 최고의 민주적 방식인 '다수결'로만 해결하려고 하면 입주자들 마음에 상처만 쌓이고, 뒷담화로 뒤덮인 공동체 주택 생활이 될 가능성이 크다.

공동체 주택을 짓다 보면, '몇 층, 몇 평에 누가 살 것인지', '건물 관리비와 장기수선 충당금을 얼마로 할지', '공용 공간은 얼마를 들여 꾸밀 것인지'처럼 돈과 직결된 문제부터 '공용 공간 청소는 누가 할 건지', '돌아가면서 식사 준비를 하기로 했다면 당번은 어떻게 정할건지', '입주자 회의는 언제 할 건지'처럼 소소한 문제들까지 입주자들이 서로 상의할 거리가 항상 넘쳐 난다. 또 입주자가 공동체 주택 생활에 대해 논의하고 싶은 문제가 그때그때 생길 수 있다. 그럴 때마다 입주자들끼리 충분히 소통하고 협의하면 즐거운 공동체 주택 생활을 누릴 수 있으리라 믿는다.

산뜰 입주자들은 8월에는 성격유형검사인 MBTI 검사를, 9월에는 비폭력대화법, 11월에는 갈등관리 교육을 받았다.

MBTI는 인간의 성격을 4가지 지표, 16가지 유형으로 나눈 성격 검사다. 강사님은 이런 질문으로 강의를 열었다.

"여러분은 어떤 사람들과 한집에 살려고 하는지 아십니까?"

잠시 후, 저마다 성격 유형이 발표될 때마다, 일부 입주자들이 "상대 유형을 파악하여 약점을 잡자"며 즐거워했다. 입주자들의 성격 유형을 강사님이 발표할 때마다 일부 입주자들이 웃음 속에서 상대를 디스했다.

"제가 저런 사람을 데리고 살아요."

"저런 성격으로 교사하면 애들이 힘들어해."

"그래서 네가 싸가지가 없었구나."

"아부가 너무 심해."

특히 파랑이 '거절을 못 하는 성격'으로 밝혀지자, 아빠들이 "앞으로 모든 부탁은 파랑에게"라며 장난을 치기도 했다.

내 성격 유형 설명을 듣는데, 나와 부합하는 부분도 있었고, 아닌 부분도 있었다. 10년을 산 남편의 성격 유형도 내가 그동안 미루어 짐작한 성격이 아니었다. 나와 내 남편 성격 파악도 이렇게 힘든데 몇 시간 강의를 듣는다고 해서 입주자들의 성격을 다 파악한다는 건 사실 불가능한 일이다. 하지만 성격 유형 검사를 하면서, '타인은 나와 다르구나!'를 안 것만으로도 큰 소득이었다.

결국 함께 살기 위해서 중요한 것은 '연결 의지'라는 것을 느꼈다. 내가 다른 입주자들과 '연결 의지'가 있다면, 크고 작은 갈등과 오해가 쌓였을 때 먼저 적극적으로 다가가면 된다. 갈등은 선택할 수 없지만, 갈등을 해결하는 방법은 선택할 수 있다.

소행주 측에서는 이처럼 산뜰 입주자들에게 일종의 '함께 살기 소프트웨어 정신 교육'을 네 차례 권했고, 입주자들은 한 명도 빠짐없이 모두 다 교육을 들었다. 그렇게 입주자들은 서로 다름을 알아 갔다.

공동 주택 말고 공동체 주택을 지으려면?

입주 후, 시간이 흐른 지금 산뜰 입주자들은 이 교육에 대해 어떻게 생각할까? 정말 이런 '입주자 소프트웨어 정신 교육'은 필요했을까? 나는 산뜰 입주자들을 만나 인터뷰해 보았다. 크게 두 가지 반응을 보였다.

첫째, '정신 교육 긍정론'이었다. 입주자 대부분이 함께 사는 사람들과 어떻게 살지 생각해 볼 수 있어서 좋았다는 긍정적인 반응을 보였다. 이 교육들을 받으며 추진위원장 드래곤이 이런 말을 남겼다.

"나 요즘 산뜰 사람들하고 연애하는 것 같아."

나도 그 말에 동감했다. 잘 몰랐던 사람들이 어떤 사람인지 알아 가며 친해지니 점점 정이 들었다. 같이 살기도 전에 가족이 되어 가는 느낌이었다. 참새도 교육을 받으며 이런 말을 했다.

"난 교육 내용을 다 떠나서, 이런 자리가 생겨서 서로 친해지는 것 같아서 좋아."

누렁소는 교육 내용에 큰 호감을 보였다.

"교육을 통해 나를 좀 더 이해할 수 있어서 좋았다. 내가 듣는 것을 못 하는 사람인 줄 몰랐다. 또 함께 살 사람들이 어떤 사람들인지 이해할 수 있어서 좋았다."

둘째, '정신 교육 회의론'도 있었다. 이런 교육이 필요 없다고 주장하는 일부 입주자들도 당연히 있었다. 손도끼, 파랑, 미키가 그들이었다. 손도끼는 교육의 효과에 대해 시종일관 부정적이었는데, 이렇게 말하곤 했다.

"내가 그런 교육을 받는다고 변할 것 같지 않다. 난 그냥 이대로 살다 죽을래."

파랑은 이런 교육이 필요 없다고 주장했다.

"나는 이미 아빠들하고 친하다. 그런 교육이 필요 없었다."

파랑은 송내동에서 '날이 좋아서 날이 좋지 않아서 날이 적당해서' 모든 술자리에 참석하기로 유명한 이다. 그런 파랑이니 이미 아빠들과는 돈독한 사이였을 것이다.

미키는 그 시간이 아까웠다고 했다.

"교육 자체가 도움이 되긴 했다. 하지만 집 짓느라 바쁜데, 시간 내기가 부담스러웠다. 굳이 안 해도 될 만했다."

직장 나가면서 집 짓는 일이 조금 벅찬 건 사실이었다. 하지만 정신 교육 회의론자 세 명 다 이렇게 덧붙였다.

"우리는 서로 어느 정도 알아서 이렇게 말하지만, 만약 전혀 모르는 사람들끼리 공동체 주택을 짓는다면 꼭 필요한 자리가 될 것 같다."

시간이 갈수록 느낀다. 우리가 서로 다르기 때문에 공동체 주택 삶이 풍요롭다는 것을. 사실 대한민국에 공동 주택은 넘쳐 난다. 다세대 주택, 연립 주택, 아파트도 모두 공동 주택이다. 입주자들이 서로 교류 없이 일반 공동 주택처럼 같은 공간을 공유만 한다면 공동체 주택이 다른 공동 주택과 다를 바가 없다.

함께 살려면 새로운 소통의 패러다임이 필요하다. 끊임없이 소통하려는 노력과 서로 다름을 인정하는 것은 기본이다. 어느 시공사에서 어느 형태로 공동체 주택을 짓든, 함께 사는 사람들과 어울리고 그들을 이해하려는 노력은 꼭 필요하다.

Tip. 나는 공동체 주택에 어울리는 사람인가?

한 주택 잡지 기자가 산뜰을 두 차례나 취재했다. 두 번째 취재 후, 그 기자가 이런 말을 했다.

"제가 셰어하우스 특집으로 우리나라 많은 공동체 주택을 다녀 보았는데요. 유난히 산뜰 가족들은 더 화목하게 지내시는 것 같아요. 집지을 때 이야기를 들어 봐도, 양보한 모습이 다들 성인군자 같아요. 산뜰 이야기를 듣다 보면, 저처럼 평범한 사람들은 이런 공동체 주택에 못 사는 걸까 하는 생각이 들어 자신감이 떨어지네요."

나는 그 기자에게 내 친구 이야기를 들려주었다. 친구는 공동 육아로 아이를 키우고 있어 공동체 문화에 익숙하다. 그 친구가 내가 산뜰에서 사는 모습을 보고 이렇게 이야기했다.

"너희 산뜰 가족이 잘 사는 이유는 너희가 공동 육아하는 곳에서 공동체 생활 훈련이 되어 있기 때문인 것 같아. 만약 공동체 생활을 한 번도 접해 보지 않은 사람들이 만나서 산다면, 너희처럼 살기는 힘들 것 같아. 아마 너희 산뜰 가족들도 직장에서는 꼭 공동체적이고 그렇지는 않을걸."

나는 이 말도 일리가 있다고 생각한다. 실제로 산뜰 가족들 중에 사회에 나가서 공동체 회복을 부르짖거나, 사회 운동을 한다거나 하는 특별한 사람은 아무도 없다. 다들 평범한 직장인들이다. 직장에서 자기 일은 열심히 하지만, 그렇다고 이타적으로 타인을 위해 자기 몸을 헌신하지는 않는다.

다만, 산뜰 사람들은 산집이라는 공동 육아 어린이집을 통해 '소통, 협력, 품'이라는 가치를 자주 접했다. 아마 이 경험이 공동체 주택 생활에 큰 자양분이 되었을 것이다. 더불어 평생 살 집을 짓고 들어온 사람들이니만큼 서로를 함부로 대하지 않는다. 만약 산뜰 사람들도 아파트나 빌라에 살면서 집값이 올라서 집을 팔거나, 전세 기간이 끝나 자주 이사를 다녀야 하는 상황이라면 굳이 이웃과 친하게 지낼 노력을 하지 않았을 것이다.

이 이야기를 들려주었더니, 기자의 얼굴이 환해졌다. 평범한 사람들 누구나 마음먹는다면 공동체 주택에서 자기가 추구하는 가치를 좇으며 살 수 있다.

공동체 주택에 살기 전, 과연 나는 공동체 주택에 어울리는 사람인지, 잘해 낼 수 있을지 불안하다면 공동체 생활을 먼저 경험해 보는 건 어떨까?

1. 1인 가구 청년들이라면?

요즘 청년들은 주거 불안에 시달린다. 이를 공동체 차원에서 해결하려는 움직임이 있다. '서울 민달팽이 유니온', '인천 우리 동네 사람들', '부천 두더지 하우스' 등 공동체 주택 관련 단체들이 그들이다. 이들이 만드는 공동체 주택은 주로 입주자들이 부엌과 욕실을 공유하는 셰어하우스 형태. 각 단체마다 입주자 교육이나 적응 기간을 별도로 두어, 입주자들이 공동체 생활에 익숙해질 수 있게 돕는다. 소행주도 성미산 마을에 1인 가구만을 위한 셰어하우스를 지은 바 있다. '청년 사업가를 위한 도전숙', '예술인 협동조합', '연극인을 위한 연극인주택' 등 수요자 맞춤형 공공임대주택도 있다. 1인 가구 청년이라면 이런 곳을 찾아가 다른 사람들과 함께 살아 보는 것도 좋을 것 같다.

다만, 요즘은 사업자들이 임대 사업의 일환으로 청년 세대를 겨냥해 셰어하우스를 운영하는 곳이 많은데, 공동체 생활을 경험하기 위해서라면 이런 곳은 추천하지 않는다. 이곳에서 생활하는 입주자들은 공동체 생활을 느끼려는 목적보다는 싼 주거비에 쾌적한 시설을 누리기 위해 들어오는 경우가 많기 때문이다. 또 입주자들이 보통 6개월 단위로 계약을 해서, 서로 알아 가려는 노력을 굳이 하지 않는 곳이 많다.

2. 어린아이를 키우는 부모라면?

〈공동 육아와 공동체 교육(www.gongdong.or.kr)〉사이트를 참고하여 인근에 있는 공동 육아 기관에 아이를 보내는 것도 한 방법이다. 공동 육아 기관에 참여하며, 자신이 공동체 생활에 어울리는 사람인지 확인해 보자.

집을 짓지 않고 다세대 주택, 단독 주택에 모여 살아 보는 방법도 있다. 부천 송내동에는 한 다세대 주택에 여러 가구가 모여 산다. 모두 같은 학교에 아이를 보내는 학부모들이다. 단독 주택을 구입하거나 임대해서, 1, 2층에 나누어 사는 가구들도 있다. 집 짓기 전, 이렇게 주택에서 더불어 살아 보면서, 함께 사는 삶의 장단점을 겪어 보자.

3. 노후에 공동체 주택을 꿈꾸는 분들이라면?

코하우징은 1982년 덴마크에서 시작되었다. 노인들의 고독을 줄여 주고, 서로 돕고 살던 마을 공동체를 구현하기 위해 만들어졌는데, 코하우징에 사는 노인들이 일반 주택에 거주하는 노인들보다 활기 넘치고 자신의 삶에 만족한다는 연구 결과가 있다. 코하우징은 유럽뿐 아니라 미국, 일본에서도 확산되고 있다. 아직까지 우리나라에서 시니어 코하우징은 낯선 주거 문화다. 하지만 우리나라도 고령화 사회에 접어들면서, 코하우징에 관심을 기울이고 있다. 서울시에서는 매년 서울시 공동 주택 한마당을 개최한다. 이 행사에서 서울시는 공동 주택에 대한 정보를 제공하고, 공공임대 공동 주택을 포함한 여러 형태의 공동 주택을 소개한다.

시니어 교육 기관인 〈50플러스포털(50plus.seoul.go.kr)〉에서는 '공동체 주거 입문 과정' 교육 강의를 개설했다. 이 외에도 여러 시니어 공동체 주택 협동조합에서 하는 교육을 들을 수 있다.

각 지자체에서도 공동체 활성화를 위한 여러 교육과 방안을 마련하고 있다. 이런 곳에서 여러 정보도 얻고, 교육도 받으며, 공동체 주택이 자기에게 맞는 주거 형태인지 알아보시길 바란다.

3. 공용 공간 설계도 중요하다

여섯 가구 모두 각기 다른 이유로 공동체 주택을 선택한 데다, 공동체 주택에 살아 본 경험이 없던 터라, 처음에는 '공용 공간'이 어떤 기능을 할지 가늠하기 어려웠다. '공동체 주택'을 짓기로 하면서도 처음에는 '공동'에 힘을 주기보다는, 막상 눈앞의 미션으로 떨어진 자기 '주택'을 짓는 데 급급했다. 이런 이유로 처음에는 공용 공간에 큰 관심을 갖기 어려웠다.

하지만 살아 보니, 일반 아파트나 빌라에서 얻지 못한 풍요로움을 '공용 공간'에서 얻었다. 집을 짓는 동안, 나는 집에 대한 생각이 계속 바뀌는 것을 느꼈다. 집 짓기 전에 집은 '상품'이라고 생각했다. 우리 집을 설계할 때는 '우리 가족의 마음을 담은 곳'이라고 생각이 바뀌었다. 하지만 11개월간 집을 짓는 동안 생각이 또 바뀌었다. 공용 공간을 논의하면서 집은 '함께 사는 사람들이 사는 곳'이라는 걸 깨달았다.

공동체 주택을 지을 때는 공용 공간에서 어떻게 입주자들과 어울릴지, 공용 공간에 어떤 시설을 갖추어야 입주자들이 편안하게 살지 함께 구체적으로 고민해 보는 것이 좋다.

커뮤니티실 무지개방

소행주 측에서 '공용 공간 커뮤니티실' 이야기를 꺼냈을 때, 처음에는 '그게 꼭 필요할까?' 싶었다. 여섯 가구 모두 자기 집 전용 면적 한 평이 소중할 때였다. 소행주 측에서는 소행주 1호부터 한 집 당 통상 한 평씩 기증하여 공용 커뮤니티실을 만든다고 하였다.

우리도 각 가구에서 한 평씩 기증하여 2층에 6평짜리 공용 공간을 마련하기로 합의했다. 소행주 측에서는 이 공간이 향후 중요한 공간이 될 거라고 했다. 집을 짓는 내내 마음에 크게 와 닿지 않았다. 그냥 함께 모여 회의하고 가끔 같이 식사하는 용도로만 생각했다. 누구도 자기 집에 신경 쓰는 것만큼 커뮤니티실 인테리어에 신경 쓰지 않아, 코디네이터 광녀이가 인테리어를 도맡아 했다.

입주 직전, 함께 간 엠티에서 '공용 공간 커뮤니티실' 이름 공모전이 열렸다. 당선자에게는 드래곤이 부상으로 아이스크림을 수여하겠다고 했다. 공용 공간 이름은 손도끼가 응모한 '무지개방'이 되었다. 산뜰에는 여섯 집 + 공용 공간, 총 일곱 공간이 있다. 손도끼는 '무지개는 각기 다른 자기 빛을 낼 때 제일 아름다운 법'이라며, 산뜰에서 일곱 빛깔 자기 색깔을 마음껏 드러내며 살자고 했다. 입주 후, 드래곤이 커뮤니티실 이름 선정 기념으로 아이스크림을 양손 가득 사 와 모든 입주자들이 나누어 먹었다.

　막상 입주하고 나니, 커뮤니티실 활용도가 엄청났다. 커뮤니티실은 6평이지만, 예전 시골 동네 마을 회관 노릇을 톡톡히 한다. 한 달에 한 번, 입주자 회의도 이곳에서 한다. 이 공간이 있기 때문에 모두 함께 더 자주 모일 수 있다.

무지개 방에는 가스레인지, 싱크대 같은 조리 시설이 있어 함께 밥을 해 먹기 좋다. 원래 사람은 먹으면서 친해지는 법. 스물한 명 온 가족이 북적이며 밥을 먹는 장면만큼 흐뭇한 장면이 없다. 대가족이 사는 집 같고, 명절 같다. 명절과 다른 점이 있다면, 설거지와 뒷정리는 주로 아빠들이 한다는 점이다. 간혹 함께 엄마들끼리 이야기를 나누고 싶을 때면, 엄마들은 무지개방으로 모인다. 아빠들도 술 한잔하고 싶을 때면, 무지개방에서 술잔을 기울인다.

무지개방에는 빔 프로젝터와 스크린이 있어, 영화를 볼 수 있다. 입주 후 입주자들이 다 함께 모여 영화를 종종 보았다.

무지개방은 입주자들이 필요에 따라 활용하기도 한다. 우리 아이 산집 친구 중 뉴질랜드로 이민 간 친구가 놀러 온다고 하여, 산집 같은 반 엄마들과 아이들을 모두 초대한 적이 있다. 스무 명이 훌쩍 넘는 인원이 무지개방에 모일 수 있었다. 무지개방을 쓰기 전 이렇게 단체 카톡방에 양해를 구하면 된다.

"저 수요일에 아이 산집 친구들 엄마들하고 아이들 놀러 와요. 무지개방 쓸게요. 시끄러워도 이해 부탁드려요."

갑자기 친정 식구들이 많이 와도, 친구들이 여러 명 찾아와도 무지개방이 있어서 든든하다. 무지개방을 게스트 룸처럼 쓰면 되기 때문이다. 어느 날, 참새가 카톡에 글을 남겼다.

"오늘 친구네가 놀러 왔는데, 무지개방에서 자도 될까요?"

답은 "암요, 암요"다. 조리 시설, 화장실, 샤워 시설이 다 갖춰져 있어 손님들이 찾아와도 부담스럽지 않다.

무지개방은 이렇듯 회의 공간으로, 사랑방으로, 산뜰 공용 식당으로, 문화 공간으로, 게스트 룸으로 쓰인다. 이런 이유로 무지개방 같은 커뮤니티실은 '호두과자 속 호두' 같은 존재다. 호두 없는 호두과자는 특색 없는 밀가루 빵에 불과하듯, '커뮤니티실 없는 공동체 주택'은 그냥 '함께 돈 들여 각자 지은 자기 집'이다. 공동체 주택을 짓는다면 꼭 커뮤니티실에 대한 논의를 해 보시길 권한다. 이왕이면 커뮤니티실을 넓고 근사하게 지으시라고 권하고 싶다.

계단과 복도

아파트나 빌라에는 각 집 내부에 신발장이 있다. 각 가구에서 필요한 공간은 모두 그 집 안에 있다. 반면 산뜰은 신발장을 공용 공간인 지하와 1층에 두어, 그 공간만큼 각 집의 생활 공간이 될 수 있게 했다. 세대별로 지하, 1층 복도에 신발장이 한 개씩 있어 신발 보관에 어려움은 없다.

각 세대별 신발장 위치를 정해야 했다. 제비뽑기, 사다리 타기 등 여러 가지 방법이 있겠지만, 각 가구의 사정을 먼저 고려해 합의했다. 손도끼가 말을 꺼냈다.

"1층 살구가 관절염이 있어 움직이는 게 불편하니까, 가장 먼저 살구네가 신발장을 고르는 게 어떨까요?"

만장일치로 그러자고 했다. 살구네가 신발장 위치를 고르고, 나머지는 상의해서 결정했다.

"얼룩말, 넌 키 크니까 너는 신발장 위 칸 써."

"네."

이런 식으로 여섯 가구가 각자 사정을 고려해, 순조롭게 신발장 위치를 결정했다.

어쨌거나 산뜰이 일반 아파트나 빌라와 가장 다른 점 중 하나는 출입구에서 신발을 벗고, 양말 차림으로 건물 전체를 다닌다는 점이다. 간혹 택배 기사님들이나 수도 검침해 주러 오시는 분들이 당혹스러워한다. 분명히 개별 집이 있는 빌라인 것 같은데, 신발을 벗고 들어가다니?

양말 차림으로 지하부터 4층까지 오르내리면, 복도나 계단이 각 집 거실의 연장이라는 생각이 든다. 아이들은 종종 계단에 앉아 놀이를 한다. 4층 가구 같은 경우 비 오는 날, 옥상 앞 계단에 빨래를 넌다. 그러면서 산뜰 사람들은 '산뜰 전체가 한집'이라고 느낀다.

지하

산뜰 사람들은 지하 공간을 신발장, 자전거 보관소, 무인 택배함, 놀이방, 창고 등으로 톡톡히 활용하고 있다.

지하 출입구 옆에는 공용 자전거 보관소, 유모차 보관 장소, 우산꽂이를 두었다. 그 옆에는 양쪽으로 신발장을 두었다. 신발장 사이 공간에 의자를 놓아 아이들이 신발을 편하게 신고, 간단하게 짐도 놓을 수 있게 했다.

신발장 위를 무인 택배함 공간으로 사용했다. 주택을 지을 때 가장 걱정했던 택배 문제를 이렇게 해결했다. 입주자들은 지하 출입구 비밀번호를 택배 기사님들께 알려 주었다. 사람이 집에 없더라도 기사님들이 지하 출입구로 들어와 신발장 위에 택배를 놓고 간다. 아파트는 관리실에서 택배를 받아 주지만, 일반 빌라나 주택은 집주인이 없으면 택배 받기가 곤란하다. 산뜰은 지하 신발장 위를 무인 택배함으로 활용하여, 사람이 없어도 택배를 제때 받을 수 있게 했다.

주거 공간의 안전 문제는 신발장과 지하 실내 공간 사이에 지문 인식이나 카드로 여는 별도의 중문을 달아 해결했다. 이 중문을 지나면 기둥 사이로 넓은 두 공간이 나온다. 처음에는 아빠들이 그 공간을 탐냈다. 최초로 지하 공간에 대해 논의할 때, 얼룩말이 눈을 반짝이며 말했다.

"지하에 당구대를 설치해요."

엄마들이 야유를 보냈지만, 그는 당당했다.

"어차피 아빠들 나가서 당구장 가잖아요. 집에서 치면 좋죠."

아빠들 몇이 황홀한 눈빛을 보냈다. 손도끼도 나섰다.

"당구대보다는 탁구대가 좋지. 탁구 완전 재미있어."

과묵한 누렁소도 모처럼 얼굴에 활기를 띠며 말했다.

"아빠들이 거기서 음악 감상할 수 있는 공간을 만들었으면 좋겠어요."

한마디로 '아빠들만의 공간'(Man's Cave)을 만들자고 했다. 그 외에도 드래곤은 아이들을 위해 암벽 등반 시설을 직접 붙여 주자고 했지만, 암벽 등반을 할 높이가 나오지 않는다는 이유로 의견이 묵살되었다. 나는 다른 건 모르겠고, 꼭 샌드백과 권투 글러브를 달아 달라고 했다. 열 받는 일이 있을 때마다, 지하로 내려가서 치면 좋을 것 같

아서였다.

다른 엄마들은 아이들을 위한 공간을 주장했다. 아빠들의 '당구대, 탁구대, 동굴' 꿈이 물 건너가는 소리가 들렸다.

결국 부모들은 지하 공간을 아이들 놀이방으로 꾸미기로 했다. 입주자들은 매트 두께와 색을 함께 골랐다. 한쪽 공간에는 미끄럼틀과 책장을 두었다. 아이들은 이곳에서 미끄럼도 타고 블록 놀이도 한다. 술래잡기, 피구를 즐겨 하고, 편하게 앉아 책도 본다. 산뜰표 키즈 카페다.

각 집에서 아이가 읽을 시기가 지난 전집, 그림책, 동화책을 가져다 꽂아 놓았다. 요즘 아이들 사이에서 선풍적인 인기를 끄는 몇 학습 만화 시리즈도 이곳에 놓고 함께 본다. 우리 아들은 자신이 아끼던 책, 장난감도 시기가 지나면 지하에 내려놓는다. 그런 날이면 어떻게 알고 동생들이 그 책과 장난감을 함빡 웃으며 들고 간다. 아들도 집에서

혼자 가지고 놀던 장난감, 혼자 읽던 책을 다른 아이들과 공유할 때
느끼는 즐거움을 알아 가는 것 같다.

지하 끝 공간에는 공용 창고를 놓아, 각 세대에서 잘 쓰지 않는 짐
을 놓기로 했다. 선풍기 같은 계절 제품이나 캠핑용품, 트렁크 등 덩
치가 큰 짐들을 보관하기로 했다. 공용 창고 내 각 가구 위치는 제비
뽑기로 정했다. 짐을 놓을 위치만 정하면 되었기에 별다른 논의를 하
지 않았다. 각 집에서 끌어안고 사는 군짐들을 모두 지하 공용 창고로
보내니 각 집의 공간 활용도가 높아졌다. 캠핑용품 같은 것들은 굳이
사지 않고, 필요할 때 미리 양해를 구하고 쓰면 되니 그야말로 '공유
경제'를 실천할 수 있다.

옥상

옥상 절반에는 잔디를 심고, 나머지 절반에는 보도블록을 깔기로

했다. 참새는 '퇴직하면 된장, 고추장 담그는 것'이 꿈인 '산뜰 장금이'
다. 참새가 장독을 요청해서 옥상에 장독대를 놓기로 했다. 또 미키
가 빨랫줄을 달아 달라고 해서 빨랫줄을 설치하기로 했다. 옥상에 평
상을 놓자는 의견이 있었으나, 평상 나무가 썩을 것 같다고 해서 포기
했다. 옥상 앞 복도에는 손빨래를 할 수 있게 배수구와 수도를 놓기로

했다.

무엇보다 산뜰 옥상은 전망이 좋다. 남쪽으로는 푸른 거마산이, 북쪽으로는 부천 시내가 한눈에 내려다보인다. 산뜰 가족들은 가끔 이불 빨래를 옥상 빨랫줄에 널고 나서, 전망을 즐긴다. 바로 앞 중학교에서 해마다 복숭아축제를 하는데, 그때마다 하는 불꽃놀이를 옥상에서 볼 수 있다.

4층 세대는 옥상에 대한 애정이 남다르다. 미키는 옥상에 대한 로망이 있었다. 아이들 어릴 때 아파트 꼭대기 층에 산 적 있는데, 그때 옥상이 주는 기쁨이 컸다고 했다. 미키네는 옥상에 텐트를 치고 망중한을 즐긴다. 초록도 옥상을 좋아한다. 두 가족은 옥상 텃밭에서 방울토마토, 가지, 오이, 파, 부추, 참나물을 길러 먹는다. 허브 바질을 작년에 한 포기 심었는데 씨가 퍼져 텃밭 여기저기서 자란다.

서울에 있는 공동체 주택들은 옥상 활용도가 높다고 한다. 마당 대용으로 그곳에서 고기도 구워 먹고, 음악회도 연다고 한다. 마당 없는 공동체 주택이라면 옥상을 잘 꾸며 입주자들의 휴식 공간으로 쓰면 좋을 것 같다.

주차장

주차 공간도 입주자들이 머리를 맞대고 구획했다. 지하 출입구 앞과 아랫집 담벼락에 길게 붙어 있는 땅에 주차장을 만들기로 했다. 지하 출입구 앞에 차 네 대를 댈 수 있었고, 담벼락 땅에 서너 대를 더 주차할 수 있었다.

로이가 주차장 위에 지붕을 쳐서 비를 피할 수 있게 하자는 의견을 내었으나, 비용과 방범 문제 때문에 무산되었다. 지금도 로이가 안타까워하는 부분이다.

예전에 연립 주택에 살던 직장 동료가 내게 이런 말을 한 적 있다. 새벽에 전화가 와서 차를 빼달라고 해 헐레벌떡 일어나 나갔단다. 상대방 아저씨가 다짜고짜 욕을 해서, 친구는 무척 기분이 상했다. 같은 연립 주택에 살지만 얼굴을 모르기 때문에 주차 문제로 얼굴을 붉히는 것이다.

산뜰에 오기 전에는 '주차가 불편하면 어떡하나?' 하는 걱정을 했다. 막상 와 보니, 생각보다 어렵지 않았다. 이중 주차를 해 놓고 잠깐 외출할 경우에는 미리 차 키 있는 곳을 알려 주기도 한다. 또 서로 출퇴근 시간을 대략 알기 때문에, 이 점을 고려해 주차할 수 있다.

마당

산뜰은 '자연녹지지역'이었기 때문에 마당을 꼭 만들어야만 했다. 훗날 미키가 이런 말을 했다.

"만약 자연녹지지역이 아니었다면, 마당 공간까지 전부 집으로 만들었을 것 같아. 사람 욕심이란 게 그렇잖아."

많은 사람들이 '마당 있는 집'에 대한 로망은 있지만, 땅값이 비싼 터라 쉽게 마당을 만들지 못한다. 지금 수도권의 대부분 사람들은 마당 없는 집에 살고 있다. '관성의 법칙' 때문에라도 이렇게 생각할 수 있을 것 같다.

'지금까지 마당 없는 집에 살았는데 뭐, 괜찮아.'

그렇기에 산뜰 입주자들은 운이 좋았다고 생각한다. 법 때문에 어쩔 수 없이 마당을 만들어야 했으니까.

마당 텃밭 옆에 수도 시설을 놓아, 텃밭과 마당에 물도 주고, 간단한 푸성귀를 수돗가에서 씻을 수 있게 했다. 어린아이를 키우는 또치가 대문에서 주 출입구까지 유모차를 끌 수 있게 평평하게 만들어 달라고 하여 그 의견도 반영했다.

입주자들은 마당에 심을 나무를 결정했다. 나는 사과나무를 심자고 하였으나, 벌레 꼬인다는 이유로 묵살되었다. 처음에 드래곤이 소나무에 대한 로망을 이야기했다.

"조경, 하면 소나무지."

바로 몇몇 입주자들이 반대했다.

"비염 환자들은 송홧가루 때문에 힘들어요. 그 의견 반대입니다."

이렇게 소나무는 제외되었다. 대추나무, 살구나무, 앵두나무, 감나무 등 과실수와 주목나무, 사철나무, 철쭉, 남천 등을 심기로 했다. 뒤뜰에는 대나무를 심기로 했다. 예전 집에 있던 단풍나무 한 그루도 살렸다. 여름이면 큰 그늘을 드리워 주어 정말 고맙다.

산뜰에는 이 단풍나무를 제외하고 그리 큰 나무가 없다. 생각보다 나무값이 정말 비쌌다. 근사한 나무는 기본이 몇백만 원부터 했다. 나무값에 운반비, 인건비가 포함되고 장비값도 포함되었다. 아빠들이 비교적 작은 나무들을 사 와 심었다. 키워 보니 저렴하면서도 운치 있는 나무는 남천이었다.

입주 후, 손도끼가 화단에 심을 나무를 사러 화원에 가서는 1층 식구들에게 전화를 했다. 원하는 나무가 있느냐는 용건이었다. 1층은 다른 층에 비해 전망이 답답할 수 있으니 1층 세대에서 잘 보이는 곳에 나무를 심겠다고 했다. 손도끼가 우리 집 부엌 창문 밖에 감나무를 심어 주었다. 지금 우리 집 부엌 자그마한 창문으로 감나무의 싱그러운 이파리들이 보인다. 살구네 부엌에서는 살구나무, 대추나무가 보일 수 있게 심어 주었다. 살가운 배려였다.

오픈하우스 때는 아이들 이름을 새긴 팻말과 함께 라일락을 기념수로 심기도 했다. 무슨 회장님 저택처럼 정원을 가꿀 생각이 아니었기에 애초에 속리산 정이품 소나무 같은 멋진 나무들을 기대하지 않았다. 그냥 아이들이 시나브로 자라는 것처럼, 나무들도 자라길 바랄 뿐이다.

마당 바닥에 관한 의견도 나누었다. 보통 일반 주택에서는 바닥에 시멘트를 바르거나, 보도블록을 깐다고 했다. 흙바닥으로 두면 관리하기가 힘들기 때문이다. 사실 마당에 대한 로망은 잔디 아닌가. 입주자들이 만장일치로 잔디 까는 것에 합의했다.

Tip. 산뜰 가족들이 앞으로 공동체 주택 지을 이들에게 전하는 말

1. 공동체 주택을 지으려면, 자기 욕심을 내려놓아야 한다.

드래곤은 '나는 제대로 내 집을 지어 보겠다'는 생각 외에 다른 것은 포기하는 마음이 있어야 한다고 했다.

"경제적으로 한 푼도 손해 보지 않으려는 마음과 멋진 공동체 주택을 지으려는 두 마리 토끼를 다 잡으려고 생각하면 안 됩니다. 때로는 공동의 이익을 위해서 자신의 이익을 내려놓겠다는 생각을 할 필요가 있습니다."

손도끼도 비슷한 말을 했다.

"공동체 주택을 짓다 보면, 어차피 원하는 모든 걸 다 얻을 수 없다는 것을 알게 될 것입니다. 공동체 주택이 주는 기쁨이 90%라면 나머지 10%를 더 가지려고 욕심을 부리면 안 됩니다."

또치도 생면부지 사람들이 모여 사는 것이 쉬운 일은 아니라고 했다.

"집 평수를 정할 때, 정해진 조건에서 고집을 부리면 감정만 상하겠다고 생각했어요. 그래서 저도 욕심을 내려놓았죠."

2. 함께 살 사람들을 이해하려는 마음이 있어야 한다.

초록은 건물 외형이나 디자인, 평형보다 '함께 사는 사람'이 우선이라고 했다.

"함께 살 사람들과 맞지 않으면 공동체 주택에서 살기 힘들 것 같아요. 산뜰 입주자들은 산집에서 보았던 사람들이에요. 집을 짓기로 하고 처음 만난 사이라면, 집 짓는 동안 서로 알아 가고 이해해 나가려는 노력이 필요할 것 같아요."

얼룩말도 동의했다.

"입주자들이 같이 사는 공간에 대해서도 생각을 많이 해 보고, 꼭 함께 교육도 받으면 좋겠어요."

누렁소도 공동체 주택에서 잘 살려면 결혼 생활을 하는 것처럼 서로 배려하려고 마음먹어야 가능하다고 보았다.

"부부가 아이를 낳아 기르는 게 힘들지만, 그 안에서 얻는 게 있잖아요. 공동체 주택 생활도 지낼 때 힘든 부분이 있겠지만, 많은 것을 얻을 수 있을 거라고 생각해요."

3. 어떤 집에 살지, 미리 많이 꿈꾸어 보라.

"집을 짓고 싶으면 '나는 이런 집에 살고 싶다'는 상상을 마음껏 하고, 충분히 꿈꾸어 보셨으면 좋겠어요. 갑자기 집을 짓게 되어 충분히 그 생각을 못 해 본 점이 아쉬워요."

살구의 말에, 남편 파랑도 말했다.

"설계 구조를 짤 때, 자기 가족의 라이프 스타일을 반영해야 해요.

살다 보니 놓친 부분이 있어 아쉽네요. 한번 설계하면 바꿀 수 없으니 최대한 많이 생각하면 좋겠어요."

4. 공용 공간에 투자하라.

나는 지금도 못내 커뮤니티실 무지개방이 좁은 것이 마음에 걸린다. 공동체 주택을 지으려면, 내 집뿐 아니라 공동체 주택 전체를 모든 가족이 함께 쓴다고 생각하고 공용 공간에도 관심을 가지면 좋을 것 같다.

Part 3

'공동'으로 + '주택'에 살면 어때요?

"

산뜰은 '공동체 주택'이다.

'공동'으로 '주택'에 산다.

사람들은 흔히 아파트를 가장 편한 주거 공간이라고
생각한다.
아파트 대신 주택을 짓고 살아도 괜찮은 걸까?
주택은 과연 아파트의 대안이 될 수 있을까?
주택에 살면 불편하지 않을까?

게다가 내 가족이 아닌 다른 사람과 함께 사는 삶이
불편하지는 않을까?
나는 이런 질문을 받으면 딱 한 줄로 대답한다.

"

> **"드라마 〈응답하라 1988〉 봤어?**
> **딱 그 드라마처럼 살아."**

그래도 사람들은 의심의 눈초리를 거두지
않는다.

"같이 살아서 불편한 점은 없어?
정말 괜찮아?
아파트 살다 주택에 살 수 있으려나⋯⋯?"

1. 주택, 삶의 질이 높아지다

여름과 겨울나기

많은 사람들이 주택에 대해 이런 선입견을 가지고 있다.

'여름에 덥고 겨울에 추운 곳.'

내 친정집은 단독 주택이다. 새시 리모델링을 하기 전, 겨울이면 '냉정과 열정 사이'를 경험할 수 있었다. 바닥은 따뜻한데, 이불을 덮고 누운 코끝은 시렸다. 친정집은 10여 년 전까지만 해도 도시가스가 들어오지 않아 가스보일러를 이용했다. 난방비용이 엄청났다. 겨울철이면 어머니가 '돈은 많이 들면서 춥게 지낸다'고 투덜거리시던 기억이 난다.

몇 해 전, 강원도 강릉으로 이사 간 친구가 있다. 그 친구는 펜션으로 사용하던 복층 집을 임대해 들어갔다. 친구들은 마당 있는 예쁜 목재 건물에 살게 되었다며 부러워했다. 하지만 문제는 겨울에 터졌다. 겨울이면 거실 어항이 얼어 버릴 정도로 춥고, 한 달 난방비로 100만 원이 나왔다. 여름에는 너무 더워 에어컨을 틀었는데 전기세가 50만 원이 넘게 나왔다. 단독 주택에 살아 본 적 있는 어르신들은 이런 이유로 아파트를 고집한다.

하지만 이 문제는 '집을 어떻게 짓느냐'의 차이지, 단독 주택과 아파트의 차이는 아닌 것 같다. 아파트도 앞뒤 동 사이에 끼인 중간 동은 여름에 문을 열어도 덥다. 베란다 확장을 잘못한 경우에는 겨울에 등이 시릴 정도로 춥다. 나는 지은 지 얼마 안 된 브랜드 아파트에 살아 본 적 있는데, 동의 맨 끝 집이라 그런지 보일러를 틀어도 겨울에 화장실 들어가기 두려울 정도로 추운 적도 있었다.

우리 여섯 가족은 산뜰에서 사계절을 두 번 보냈다. 우리가 산뜰에서 살아 본 결과 여름에는 시원했고 겨울에는 따뜻했다. 입주하던 해 여름은 유난히 더웠는데도 산뜰 여섯 가구 중 세 가구가 에어컨 없이 그 여름을 보냈다. 낮에는 베란다에 어닝을 쳐 놓아 햇빛을 막으면 그럭저럭 견딜 만했다. 실제로 창문에 차양을 다는 것이 실내 온도 차이에 큰 영향을 준다고 한다.

다음 해에도 2층 참새네, 4층 미키네는 에어컨 없이 지냈다. 참새는 2년간 '여름 폭염 딱 일주일이 고비'라고 했다. 그 시기 외에는 그럭저럭 견딜 만하다고 했다.

나는 입주 2년 차, 결국 에어컨을 사고 말았는데, 그 이유는 우리 집이 1층이기 때문이다. 1층이라 방범 때문에 잠을 잘 때, 창문을 활짝 열어 놓을 수가 없었다. 시스템창이라 윗부분만 조금 열고 자야 해서, 열대야를 극복하지 못했다. 결국 에어컨을 사고야 말았다. 에어컨은 벽걸이 11평형을 사서 거실에 달았다. 더운 날, 에어컨을 틀면 집 전체가 금세 시원해지고, 에어컨을 꺼도 냉기가 오래 지속되었다.

겨울에도 따뜻하게 보냈다. 나는 추위를 많이 타서 예전 집에 살 때도 보일러를 빵빵 틀어 놓고 살았다. 전에 살던 28평 아파트는 새시는 부실한데, 베란다 확장 공사를 해서 정말 추웠다. 한 달 가스 요금이 20만 원이 넘게 나와도 거실에서는 오리털 조끼를 입고 지낼 정도로 추웠다. 아무리 보일러를 틀어도 베란다 앞뒤 새시 사이로 열이 빠져나가고 바깥바람이 들어오는 게 느껴질 정도였다. 그때 그 집에 와 본 동네 엄마들이 "이 집이 풍경은 좋은데, 겨울엔 진짜 춥네. 열 달 풍경을 즐기고 두 달 추위는 견디라"고 말해 줄 정도로, 아파트였지만 추웠다.

현재 산뜰 집은 보일러를 켜면 금방 집이 훈훈해진다. 특히 부엌 바닥과 드레스 룸 타일을 깐 곳에 온기가 오래 지속된다. 나는 아이와 함께 겨우내 집에서 하루 종일 따뜻하게 지냈는데, 가스 요금이 한 달 최대 8만 원을 넘기지 않았다.

단열에는 창호도 한 몫 한 것 같다. 일반 아파트에서는 이중창을 많이 쓰는데, 우리 집은 시스템창을 달았다. 이 창이 열 손실을 최소화한다고 했다. 광년이가 시스템창을 고를 때 주의 사항을 알려 주었다.

"시스템 창은 겨울에 단열이 정말 잘 됩니다. 거의 밀폐에 가까운 수준이죠. 그래서 겨울철에 환기를 잘 시켜 주어야 합니다. 안 그러면 곰팡이 펴요."

우리 집은 부엌 쪽 이중창을 제외하고는 모든 창문이 시스템창이다. 이 창이 소음도 확실히 막아 주고, 단열에도 도움이 된다. 실제로 겨울에 시스템창을 달아 놓으면 바깥과 온도 차 때문에, 창 안쪽에 물기가 방울방울 생긴다.

4층에 사는 초록과 미키는 산뜰 앞을 막는 건물이 없어 사계절 내내 하루 종일 해가 잘 들어 좋단다. 겨울에는 보일러를 틀지 않아도 될 정도라고 했다. 하지만 여름에도 빛이 너무 잘 들어 덥다고 했다. 그들이 말하길, 여름에도 시원하려면 남쪽 창도 너무 크지 않게 내는 것이 좋겠다고 했다. 결국, 결론은 창은 크게 내지 않는 것이 주택에서 여름, 겨울나기에 좋다는 이야기다.

단열재는 어떻게 넣었을까? 시공사 측에서는 내단열보다는 외단열이 단열 효과가 좋아 외단열을 선택했다고 했다. 산뜰 벽 두께는 38센티미터가량 된다. 시공 전, 시공사 측에서 벽이 다른 주택이나 아파트보다 두꺼워 실내 면적이 조금 더 좁아질 수 있다고 할 정도였다. 아파트와 빌라는 비용 때문에 대부분 벽 두께를 법률 권장 사항 최저치에 맞춘다고 한다. 산뜰 벽 두께는 법률 권장 사항 최고치에 가깝다.

이렇게 단열이 잘 되어 있으니 여름에는 외부에서 열이 들어오지 않아 시원하고, 겨울에는 열을 뺏기지 않아 따뜻하다. 드래곤이 이렇게 말했다.

"산뜰의 독보적인 장점은 단열이야."

에어컨을 달러 오신 기사님이 웃으며 이렇게 말하기도 했다.

"부천 시내 에어컨을 다 달아 봤는데 이 건물처럼 벽이 두꺼운 집은 처음이네요."

주택도 단열을 잘 해서 짓는다면 아파트보다 사계절 내내 더 쾌적하게 지낼 수 있다.

관리비는 어느 정도인가?

우리 집 개별 관리비는 평균적으로 한 달에 5만 원 정도 나온다. 전기세는 한 달에 2만 원 안쪽으로 나온다. 산뜰로 이사 온 후, 나는 2년간 줄곧 집에 콕 박혀 지내며 하루 종일 전등 켜고 컴퓨터로 작업을 했다. 그 탓인지, 전기세는 다른 집보다 많이 나오는 편이다. 여름 내내 덥지 않게 에어컨을 틀면서 보냈는데, 딱 한 달 5만 원이 나왔다. 수도세는 한 달에 만 원 정도 나온다. 가스비는 여름에는 몇 천 원이 나오고, 겨울에도 최대 8만 원을 넘지 않았다.

공용 공간 관리비는 한 달에 8만 원을 낸다. 산뜰은 다른 공동체 주택보다 공용 공간이 많은 편이라, 관리비가 많이 나온다. 가장 큰 비용이 드는 부분은 청소다. 지하와 계단 청소는 매번 입주자들이 하기 힘들어 일주일에 두 번 청소 업체를 고용했다. 이 비용이 한 달에 20만 원이다.

다음으로 많이 드는 비용은 사설 경비업체 비용이다. 이 비용으로 한 달에 12만 원을 낸다. 산뜰 입주자들은 입주자 회의에서 사설 보안 업체를 이용하자고 결정했다. 사실 CCTV를 설치하면, 입주자들 행동도 CCTV에 찍히니 우리도 감시 대상이 되는 것 같아 망설여졌다. 하지만 산뜰 대문이 낮고, 중심 주택가에서 다소 떨어진 곳에 위치하여 CCTV로 범죄 예방 효과를 주기로 했다. 입주 초기에는 낯선 등산객들이 산뜰 마당으로 불쑥 들어와 신기한 듯 여기저기 둘러보곤 했는데, CCTV 설치 후로는 그런 일이 없어졌다. 사설 경비업체 이용 문제는 공동체 주택 입주자들의 성향과 필요에 따라 결정하면 될 듯하다. 사실 나는 낮에는 베란다 문과 창문을 활짝 열고 외출도 자주 했다. 이웃에 늘 사람이 있어 가능한 일이었다.

그 외 매달 화재 보험료 17,000원이 든다. 공용 전기는 한 달 5~7만 원 정도 든다. 지하가 근린 생활 시설이라 전기 기본요금이 높은 편이다. 공용 상하수도는 한 달 9,000원 정도, 공용 가스는 계절에 따라 다르지만 여름에는 1,000원대부터 겨울에 최대 15,000원 정도 나온다. 이 금액을 여섯 집이 나누어 낸다. 남은 금액으로는 공동 시설에 필요한 물품들을 구입한다.

나는 23평 복도식 아파트 살 때 관리비를 12만 원, 28평 살 때는 15만 원, 32평 살 때는 20만 원 조금 넘게 냈다. 여기에 가스비는 별도였다.

현재 우리 집 개별 관리비는 평균 5만 원, 공용 관리비가 8만 원, 합쳐서 대략 한 달에 13만 원 정도이다. 이 금액 안에 가스비까지 포함되었으니 아파트 관리비보다 조금 더 저렴한 편이다. 아마 공용 공간이 우리보다 적은 공동체 주택은 이보다 훨씬 적게 관리비가 들 것이다.

이렇게 이야기하면, 지인들은 생각보다 주택 관리비가 많이 나온다고 한다. 막연히 주택은 경비 아저씨가 없으니 그만큼 비용이 적게 나갈 거라 생각한 모양이다. 하지만 한 가족이 전원주택을 지으면서 지하도 파고, 2층도 올리고 했다면, 평범한 사람들은 감당하기 힘들 정도로 관리비가 나올 것이다. 혼자서 사설 보안업체비도 부담해야 하고, 전용 면적이 넓은 만큼 냉난방비 비용도 많이 나올 것이다. 집 안팎 청소, 정원 관리가 힘든 것은 말할 것도 없다.

나는 강릉 펜션에 사는 친구 이야기를 들을 때마다, 가슴을 쓸어내린다. 우리 집이 겨울철 난방비가 100만 원씩 나오고, 여름철 전기 요금이 50만 원씩 나오는 집이 아니니까 말이다.

같은 평수, 다른 느낌

우리 집은 전용 면적 18평이다. 놀러 온 사람들이 우리 집 구경할 때, 이런 말을 자주 한다.

"음, 18평이 생각보다 넓은데요?"

뭐 그렇다고 거실에서 축구를 할 정도로 넓다는 이야기가 아니다. 다른 18평 아파트나 빌라가 주는 느낌보다 넓어 보인다는 이야기다.

우리 부부가 신혼 때 살던 첫 전셋집은 20평대 초반 복도식 아파트였다. 우리 부부만 살기에는 딱 아늑한 평수였다. 하지만 아이가 태어나 집안 이곳저곳을 기어 다니자, 집이 비좁게 느껴졌다. 그 집의 안방과 작은 방은 컸다. 온갖 가구가 다 들어가도 공간이 남았다. 하지만 정작 가족들이 자주 생활하는 거실은 가늘고 길었다. 나는 그 거실을 '김밥 거실'이라고 불렀다. 김밥 거실에서 TV를 보며 훌라후프를 할라치면, 훌라후프가 TV를 깰 정도로 거실 폭이 좁았다. 워낙 좁은 거실에서 아이와 하루 종일 지내다 보니 벽이 우리를 덮칠 것 같았다.

그런 기억 탓에 지금 집은 방을 최대한 작게 설계했다. 입주 전, 상량식을 마치고 실내 마감이 끝난 집을 구경할 기회가 있었다. 입주자들이 우리 안방을 보고 다들 한마디씩 했다.

"어휴, 얼룩말네 안방, 어휴~."

다들 뒷말을 차마 잇지 못했다. 나도 안방에 들어가 보고 깜짝 놀랐다. 딱 폐소 공포증에 걸리지 않을 만큼의 공간이었다. 큰 침대 하나 들어갈 정도. 드래곤이 원래 실내 마감이 끝나고 인테리어 하기 전이 가장 좁아 보이고 심란하다고 했다.

막상 살아 보니, 안방이 좁아서 불편하다는 생각은 해 본 적 없다. 아이 방도 침대, 책상, 책장만 들어갈 크기의 공간으로 만들었다. 대신 우리 집은 거실이 넓다. 자작나무로 책상을 짜서 거실에 두었다. 거실이 서재 대용이다. 책상에서 온 가족이 함께 책을 읽는다. 아이가 그림도 그리고 공부도 한다. 우리 집에 처음 온 사람들은 집이 가정집 같지 않고, 사무실 같다는 말을 가끔 한다.

주택은 동일 평수의 아파트나 빌라보다 훨씬 넓어 보일 수 있다. 자기가 원하는 대로 공간 설계를 할 수 있기 때문이다.

마당 있는 집

내가 생각하는 산뜰의 가장 큰 장점은 '마당'이다. 나이가 조금씩 들수록, 사람들은 마음이 힘들 때면, 산이나 유원지 등 자연으로 가서 쉼을 얻는다. 마당은 일상에서 누릴 수 있는 작은 자연이다. 산뜰에 이사 온 후 여섯 가족은 일부러 멀리 나가지 않는다. 손도끼네는 예전에는 캠핑을 자주 다녔는데, 산뜰에 온 후 캠핑을 잘 가지 않는다고 했다. 그도 그럴 것이, 날이 선선하고 좋을 때 마당에 나가면 꼭 펜션에 놀러 온 것 같기 때문이다.

남편은 출근할 때 지하로 가지 않고 마당으로 간다. 잠시라도 흙을 밟고 자연을 접할 수 있기 때문이다. 아주 작은 자연의 일부분이지만, 마당은 마음을 차분하고 상쾌하게 해 준다.

1층 살구는 창문을 열었을 때 바로 앞 풍경이 잿빛 아파트가 아니어서 좋다고 했다. 푸르른 풍경이 주는 편안함을 마음껏 누린다고 했다. 2층 참새는 오랫동안 '마당 있는 집'에서 살고 싶은 꿈이 있었는데, 꿈을 이루어 좋다고 했다. 3층 누렁소는 아침에 일어나면 창문을 열고 찬 바람을 맞는다고 했다. 부인 또치가 증언하기를 양치도 꼭 바깥마당 풍경을 보면서 한다고 했다. 4층 미키와 초록은 우리 집 마당뿐 아니라, 거마산 푸른 풍경을 자기 마당 삼을 수 있는 전망을 즐긴다고 했다.

나는 마당을 좋아한다. 여름 저녁이면 창밖으로 뻐꾸기, 소쩍새, 풀벌레들 우는 소리가 은은히 들린다. 비 오는 날 아침, 창을 열면 소슬한 바람이 온몸을 훑는다. 거실에서 가만히 투닥투닥 내리는 빗소리를 들을 때면 일상에서 묻은 때가 빗소리에 다 씻기는 기분이 든다.

이제 마당은 완연한 생태계를 이루었다. 아이들은 마당에서 방아깨비, 사마귀, 잠자리, 꽃무지를 잡는다. 현서는 곤충을 좋아하는 아이인데, 흙 속에 사는 곤충들을 관찰하며 즐거워한다. 어른들도 곤충을 보며 신기해한다. 로이가 아들 현서와 마당을 오가며 말했다.

"저 어릴 때 방아깨비 잡아 보고, 산뜰 와서 방아깨비 처음 봤어요."

아이들이 마당에서 신나게 뛰어놀고, 아이들의 웃음소리가 산뜰 곳곳에 뿌려질 때, 마당 있는 집에 살길 잘 했다는 생각이 가장 많이 든다. 아이들은 마당에서 술래잡기, 숨바꼭질, 야구 등 온갖 놀이를 하고 논다. 남자아이들은 뒷마당에 삽으로 구덩이를 파서 아지트 삼기도 한다. 주말에는 부모들과 아이들이 함께 배드민턴도 친다.

여름에는 마당에 미니 풀장을 만들어 논다. 세 살배기 막내 지현이부터 초등학교 4학년인 도윤이까지 하루 종일 미니 풀장에서 즐거워한다. 겨울에는 아이들이 마당에서 눈사람을 굴리고, 눈싸움을 한다. 불을 피워 군밤과 군고구마를 구워 먹기도 한다. 아이들은 마당 곳곳에 있는 나무에서 열매를 따 먹는다. 방울토마토, 앵두, 대추, 블루베리, 감, 살구를 따서 마당 수돗가에서 씻어 먹는다.

입주 첫해 여름에는 여섯 가구가 함께 1박 2일로 강화도 석모도 펜션으로 휴가를 갔는데, 두 번째 해에는 입주자 회의에서 멀리 가지 말고 그냥 집에서 놀기로 결정했다. 아이들이 집에서 노는 것을 가장 즐거워하기 때문이다. 우리나라 사람들이 놀러 가면 꼭 하는 바비큐도 마당에서 즐길 수 있기 때문에, 굳이 어디를 가야 한다는 필요성을 못느낀다.

산뜰 사람들은 종종 휴일에 마당에서 바비큐를 즐긴다. 날 좋은 날, 어른들은 파라솔과 캠핑용 식탁, 의자를 펼쳐 놓고, 아이들은 돗자리를 펴고 논다. 이런 날이면 가장 어린 남매를 키우는 또치는 육아의

여름이면 열리는 마당 워터파크

부담에서 벗어난다. 두 돌 넘은 막내도 언니 오빠들 사이에 껴서 잘 놀기 때문이다. 또치는 하루 종일 편안하게 사람들과 어울리며 분위기를 즐긴다. 이런 이유로 또치는 산뜰에 살면서 가장 좋았던 일을 바비큐로 꼽았다.

보통 아빠들이 장을 다 봐 와서 오전 11시쯤 만나, 저녁까지 함께 먹고 들어간다. 바비큐를 하는 날이면, 마을 사람들이 냄새를 맡고 몰려오기도 한다. 그들과 함께 새소리를 듣고, 살랑거리는 바람을 느끼며 마당에서 하루를 보낸다.

밤 분위기를 만끽하다가, 자정이 넘어서 자리를 파하기도 한다. 어디 멀리 놀러 온 것 같았는데, 현관문을 열고 모두 자기 집에 가서 자는 것도 참 편하다. 각자 집으로 올라가는 복도에서 이런 말을 주고받는다.

"날씨 추워지기 전에 한 번 더 하자."

마당에서 바비큐가 열리면 육아 해방!

봄에는 이렇게 말한다.

"날씨 더워지기 전에 한 번 더 하자."

마당 있는 집, 기대했던 것보다 훨씬 더 삶이 풍요로워졌다.

텃밭에 푹 빠지다

마당 왼편에는 자그마한 텃밭이 있다.

나는 나이 사십 되도록 한 번도 텃밭을 가꾸어 본 적이 없었다. 산뜰에 오기 전, 스티로폼 상자에 심은 상추와 방울토마토를 아파트 베란다에 두고 딱 한 번 '상자 텃밭'을 시도해 본 적이 있긴 했다. 며칠 기르다, 상추 이파리에 무수히 달린 벌레 알들을 보고 기겁을 하여 내다 버렸다. 식물을 잘 기르는 '금손'들은 아파트 베란다에서도 텃밭을 잘 가꾸는 모양인데, 나처럼 소질 없는 사람은 쉽게 따라 하기 힘들었다. 지금까지 먹을 것은 다 가게에서 사다 먹었다.

마당 텃밭

그러다 산뜰에 와서 텃밭에 푹 빠졌다. 올해는 텃밭에 상추, 깻잎 씨를 뿌렸다. 방울토마토, 고추는 모종을 사 와 심었다. 손도끼가 블루베리 묘목도 사와 심었다. 올봄, 나는 파릇파릇 올라온 상추, 깻잎 새싹을 보고 탄성을 질렀다. 방울토마토, 고추에 꽃 피고, 열매 맺히는 것도 기특한 눈길로 자주 바라보았다. 이 식물들을 기르는 데 필요한 건 오직 흙과 공기, 물, 햇빛이라는 사실도 경이로웠다. 언젠가 산집에서 한 아이가 자기가 봄에 심었던 감자를 캘 때 했다는 말이 떠올랐다.

"와, 흙이 엄마야! 흙이 감자를 키웠어."

세상에서 가장 귀한 것은 항상 값없이 주어진다는 생각을 하며 가슴이 벅찼다.

올봄에는 살구나무 아래 쑥도 났다. 쑥을 발견하고 신기해서 뜯어 냄새를 맡아 보는데, 미키가 엄마들에게 이렇게 말했다.

"제가 작년에 뒷마당, 옆 마당에 달래랑 참나물 씨 뿌렸어요. 억세지기 전에 얼른 따서 드세요."

아들이 학교에서 돌아오면 함께 마당에 난 쑥, 달래, 참나물을 뜯어 전을 부쳐 먹었다. 입안에서 향긋한 봄이 톡톡 터지는 듯했다. 초여름에는 아들이 텃밭에서 싱싱한 방울토마토, 고추, 가지, 상추를 한 소쿠리 뜯어 와 그걸로 밥상을 차리기도 했다. 여름 어느 날, 쓰레기를 버리러 오가는 길에 텃밭을 지날라치면, 가지가 휘어져라 방울토마토가 주렁주렁 달려 있는 게 보였다. 급한 김에 입고 있는 티셔츠에 방울토마토를 따서 담아 오곤 했다.

『반농반X』를 쓴 시오미 나오키는 사람이 농사를 지어 먹고 사는 문제의 절반을 해결하면, 인생의 절반은 하고 싶은 일을 하며 살 수 있다고 했다. 물론 자그마한 텃밭으로 자급자족을 하기에는 터무니없이 부족하다. 하지만 자기 입으로 들어가는 먹거리를 직접 심고, 먹거리 중 일부를 스스로 해결하는 경험은 정말 뿌듯한 일이다.

나는 텃밭을 가꾸며 생각해 본다. 고등학교 때 달달달 전 세계

마당에서 참나물 캐는 아들

여름철 밥상을 책임지는 텃밭

역사를 외우고, 물리, 수학 문제를 푸는 것보다, 어쩌면 농사지어 보는 것이 살면서 더 필요한 교육이 아닐까? 나는 아들이 '삼시 세끼 자립'을 할 수 있는 어른으로 컸으면 좋겠다. 나는 아홉 살 아들에게 사교육을 일절 시키지 않고, 공부를 강요하지도 않는다. 아이가 다니는 학교에서는 바느질(의), 농사(식), 목공(주)이 기본 교육 과정에 포함되는데, 아이에게 "바느질, 농사, 목공 가르쳐 줄 때 열심히 배워"라고 힘주어 말한다.

나는 아들이 나중에 무슨 일을 하든 작은 텃밭을 일구며, 자기 식구들 먹을 채소는 스스로 기를 수 있는 '원천 기술'을 가진 사람이 되었으면 좋겠다. 수확한 먹거리를 나눌 수 있는 좋은 이웃과 더불어 살아가는 사람이 되면 더욱 좋고! 또 살면서 필요한 일들을 '돈만 주면 다 해결할 수 있다'는 소비자보다는 '내가 웬만한 일들은 다 해결할 수 있다'는 생산자가 되면 좋겠다.

다 산뜰의 자그마한 텃밭을 가꾸며 생긴 원대한 꿈이다.

빨래 너는 기쁨이 생기다

1층 두 세대에는 발코니가 있다. 처음에 나는 이 공간에 툇마루를
짜고 싶었다. 어릴 때 시골집에 살 때 가장 기억에 많이 남는 장소가
툇마루였다. 만질만질한 나무 촉감이 아직도 기억난다. 그 아래 댓돌
을 놓아 마당으로 나가 놀던 기억도 난다.

내가 툇마루를 짜고 싶다고 하자, 다른 산뜰 가족들이 모두 반대했
다. 아이들이 마당에서 놀다가 기어 올라오면 1층 세대 사생활 보호가
안 된다는 이유였다. 또 아이들이 흙 묻은 신발로 툇마루를 더럽히면
1층 세대가 관리하기 힘들다는 이유였다. 남편도 반대했다.

"툇마루로 하면 관리하기 힘들어. 맨날 쓸고 닦고 할 수 있어?"

"퇴촌에 승효상 건축가가 지은 주택 보니까 일부러 집을 일곱 개 방
으로 뚝뚝 떨어뜨려 놓았더라. 그분이 뭐라시는 줄 알아? 편리하게
사는 게 꼭 좋은 거는 아니라고, 방과 방 사이를 불편하게 오가면서
생각을 해야 한대."

"아마, 당신이 그렇게 집을 지으면, 방과 방 사이를 오가면서 이런
생각만 할 거야. '내가 왜 이렇게 집을 지었지?' 당신처럼 게으른 사람
은 절대 그런 집에 살면 안 돼."

"툇마루 쓸고 닦는 일쯤이야 할 수 있어."

"방이나 쓸고 닦고 나서 말해."

"……."

이일훈 선생님도 남들 다 보는 곳에 빨래를 너는 것은 생각보다 쉽지 않은 일이라고 하셨다. 툇마루를 빨래 너는 용도로도 사용할 생각이었는데, 이 말을 듣고 망설여졌다. 결국 울타리를 친 발코니를 설치하기로 했다.

앞집 살구와 내가 산뜰에 살면서 좋은 점을 이야기하다가 공통으로 말한 것이 바로 이것이다.

'빨래 너는 기쁨이 생긴 것.'

볕 좋은 날, 베란다에서 말린 빨래는 갓 구운 빵처럼 따스하고 보드랍다. 빨래를 걷으며, 나는 아들에게 이렇게 말한다.

"빨래에 햇살 부스러기가 남아 있는 것 같아."

나는 빨래에 코를 킁킁 들이대고 햇살 냄새를 맡으며 빨래를 개곤 한다.

우리 친정집은 옥상에 빨래를 너는데, 언젠가 엄마에게 그 일이 번거롭지 않느냐고 물은 적 있다. 그때 엄마가 그게 무슨 소리냐는 듯 말씀하셨다.

"아니, 얜? 잘 마른 빨래 걷는 재미가 얼마나 쏠쏠한데?"

그러고 보니 나는 스무 살 이후, 고향 집을 떠나서는 빨래를 늘 집 안에서만 널었다. 아파트 베란다도 어차피 실내이긴 마찬가지니까. 이제야 엄마가 말한 빨래 개는 재미를 알겠다. 노는 햇살이 아깝다는 말도.

마음이 조금 눅눅한 날이면, 나는 발코니로 나간다. 몸과 마음은 하나라고 했던가. 햇빛을 조금 쏘이고 나면, 괜히 울적했던 마음이 뽀송뽀송해진다. 꼭 햇빛이 마음을 소독해 주는 것 같다. 그러면서 나중에 언젠가 산뜰 아이들도 크고, 나도 좀 더 부지런해지면 만질만질한 툇마루를 짜고, 그 아래 댓돌을 놓아 바로 마당으로 가 볼 궁리를 해 본다.

집 관리하다 늙어 죽는다고?

많은 사람들이 선뜻 단독 주택에 들어가 살기 어려워하는 이유가 바로 집 관리의 어려움 때문일 것이다. 아파트는 관리 사무소가 있어서 크고 작은 관리를 대신 해 주는 반면, 단독 주택은 관리할 일이 생기면 모두 집에 사는 사람이 스스로 해결해야 한다.

하지만 아파트도 10년에 한 번은 규모가 크든 작든 리모델링을 해야만 살 수 있다. 나는 신혼집 아파트가 시간이 흐를수록 순식간에 부식되는 과정을 눈으로 목격했다. 지은 지 13년 된 아파트였는데, 그동안 집주인이 리모델링을 한 번 했다고 했다. 내가 사는 4년 동안 빠른 속도로 변기가 썩어 갔고, 싱크대가 무너져 내렸다. 아무리 변기를 열심히 닦고, 싱크대 곁에 예쁜 시트지를 붙이고 수리해서 써 봐도 망가지는 건 순식간이었다. 핸드폰도 2년이 지나면 고장 나게 만든다는 루머가 있는데, 싱크대나 변기 등 집 안에 들어가는 제품들도 10년이 흐르면 망가지게 만드는 모양이었다. 우리나라 1기 신도시 아파트들은 주로 1990년대에 세워졌다. 이런 아파트들도 조만간 승강기, 수도관 등 시설 노후화로 인한 관리 문제가 심각해질 것이다. 아파트든 단독 주택이든 집주인이 계속 집 관리를 하며 살아야 한다.

산뜰에 와서는 산뜰 가족들이 함께 집 관리를 하니, 그리 어렵지 않았다. 일단 마당 관리. 텔레비전에 나오는 저택은 따로 정원을 관리하는 사람이 있고, 때에 따라서는 농약도 친다. 아파트 정원도 농약을 쳐서 관리한다. 아파트 살 때 '오늘은 아파트 정원에 농약 뿌리는 날입니다. 저층 세대에서는 문을 닫아 주시기 바랍니다' 하는 안내 방송을 가끔 듣곤 했다.

손도끼는 늘 우리에게 이렇게 이야기한다.

"우리가 이런 집에 사는 이상, 벌레와 잡초와 함께 살아가야 합니다. 농약 뿌리고, 살충제 뿌릴 생각하지 맙시다."

산뜰 가족들은 모두 할 수 있는 만큼만 정원을 가꾼다. 시간 되는 사람이 잡초도 뽑고, 잔디도 깎는다. 사람 발길이 닿지 않는 곳에 있는 잔디 일부가 자기가 난인 줄 알고 머리채를 흐드러지게 드리우고 있을 때도 있다. 그런 모습을 보아도 별 스트레스를 받지 않는다. 누군가에게 보여 주기 위한 정원이 아니기 때문이다. 화단 위에는 강아지풀, 괭이밥이 바람에 살랑거리고, 초롱꽃, 뚜껑별꽃 같은 정겨운 야생화가 절로 자라고 있다. 그 풍경마저 사람 마음을 편하게 한다.

대청소를 할 시기가 오면, 입주자 회의에서 날짜를 정한다. 지금까지 대청소는 일 년에 한 번씩만 했다. 마당 나무 울타리와 1층 테라스에 오일스테인 칠을 했다. 나무에 오일스테인을 칠해 줘야 수명이 오래 간다고 했다. 산뜰 아이들이 아빠들을 도와 오일스테인 칠을 함께하며 즐거워했다. 엄마들은 공용 창고 공간에 있는 군짐을 정리했다.

집집마다 신발장도 정리하고, 집 안에 필요 없는 물건을 서로 나누기도 했다. 아이들 장난감과 책도 정리했다. 버리면 버릴수록, 함께 나눌 수 있는 것은 나눌수록 홀가분해졌다.

이번 여름, 폭우가 쏟아져서 뒷마당 대나무들이 픽픽 쓰러진 일이 있었다. 말로만 듣던 '쑥대밭'이 이런 거구나 싶었다. 그날 저녁 산뜰 가족들이 함께 저녁을 먹었는데, 로이와 얼룩말이 소리 없이 일어나 어디론가 사라졌다. 둘이 뒷마당에 가서 대나무들을 다 정리하고 올라왔다. 쑥대밭도 함께 정리하면, 순식간에 정비할 수 있다는 사실을 보여 주었다.

지난 어린이날에는 아빠들이 옥상 울타리도 직접 꾸몄다. 옥상에 원래 철제 난간이 있기는 했지만, 아이들이 놀기에 위험해 보였다. 아빠들이 하루 종일 나무로 울타리를 만들어 페인트칠도 하고, 넝쿨 장미도 사다 심었다. 오후에 아빠들이 엄마들에게 올라와 보라고 재촉하여 올라갔다. 나는 나무 울타리보다 아빠들 표정이 더 눈에 들어왔다. 아빠들은 풍선을 넣은 듯 어깨가 하늘로 한껏 치솟아 있었다. 표정에는 자부심이 한가득 어려 있었다. 나는 오래도록 아빠들의 그 뿌듯해하던 얼굴이 기억에 남았다.

요즘엔 어른들도 전구 가는 것을 빼고는 집수리를 잘 못 한다. 우리는 삶에 필요한 서비스를 다 '돈'으로 해결한다. 학교에서는 지식 교육만 시키지 '목공', '집수리'처럼 실용적인 교육은 하지 않는다.

언젠가 핀란드 교육에 관한 텔레비전 다큐멘터리를 본 적 있다. 핀란드에서는 간단한 집수리 정도는 본인이 직접 할 수 있게 교육한다고 했다. 교실 한쪽 벽에 공구가 주렁주렁 달려 있기도 했다. 나는 고등학교 3년 내내 '가사'를 배웠지만, 요리를 직접 해 본 것은 자취를 하고 나서였다. 살려면 뭐라도 만들어 먹어야 했다. '시금치 토장국을 만들 때는 시금치를 3센티미터로 썬다'는 지식을 알고 있어도 실생활에서는 전혀 도움이 되지 않았다. 요즘 학생들이 '공업', '가사' 과목에서 '100점'을 받아도 정작 살면서 필요한 집수리나 생계 요리를 못 한다면 무슨 소용인가. 나이를 먹을수록 학교에서 '삶과 하나 되는 교육'을 받았다면 얼마나 좋았을까, 하는 안타까움이 많이 든다.

어린이날, 아빠들이 가족들을 위해 옥상을 꾸민 것은 그래서 더욱 의미 있다는 생각이 든다. 그날 아빠들 얼굴에 나타난 감정을 나는 '내가 사는 집을 내 손으로 꾸밀 수 있다는 자부심'으로 읽었다. 편리하게 남들이 다 수리해 주는 집, 손 하나 까딱하지 않아도 되는 집에 사는 것도 좋지만, 자기 집은 자기가 직접 꾸미며 사는 것도 귀한 경험이다.

산뜰에서 함께 집 관리를 하며, 무엇이든 함께하면 놀이처럼 어렵지 않다는 사실, 내가 사는 집을 함께 가꾸며 보람을 느낄 수 있다는 사실을 배운다.

물 폭포와 지하 오물 용천수 사건

"하자 없는 집은 없다."

집을 다 지어 갈 때쯤, 드래곤이 저주처럼 던진 말이었다. 집을 짓기 전 "민원 없는 공사는 없다"는 말이 씨가 된 상황을 지켜보았던 터라, 입주 후에 집의 하자를 찾기 위해 눈에 불을 켰다. 다행히 겨울에 들어간 집은 따뜻했고, 별문제가 없어 보였다.

그 무서운 예언이 실현된 시점은 입주 후 만 4개월이 지난 무렵인 6월 말. 수도권에 기록적인 폭우가 쏟아지던 날이었다.

어느 토요일, 입주자들이 2층 무지개방에 모여서 저녁을 먹고 담소를 나누고 있었다. 갑자기 4층에서 놀고 있던 이다인이 울음 섞인 비명을 질렀다.

"꺄~~엄마! 엄마!"

다인이의 울음소리에 엄마 두 명이 뛰어 올라갔다. 잠시 후, 초록이 헐레벌떡 내려와 아빠들에게 말했다.

"지금 물 폭포가 생겼어!"

어른들이 먹던 수박을 내팽개치고 4층으로 올라갔다. 옥상에서 빗물이 넘쳐 계단을 타고 내려왔다. 빗물이 아래로 살차게 내리꽂히고 있었다. 옥상 문을 여니, 고여 있던 빗물이 왈칵 쏟아져 내려왔다. 초미니 사이즈 나이아가라 폭포인 줄 알았다. 집에서 폭포를 보게 될 줄이야. 놀란 여자아이들은 옆에서 자지러지게 울어 댔다. 어른들이 우왕좌왕하는 사이, 지하에서 놀던 재윤이가 올라왔다.

"아빠, 지하 바닥이 똥물을 막 토해 내요. 우웩."

이번에는 지하로 내려가 보았다. 지하 화장실 배수구에서 오물이 서서히 퍼지고 있었다. 이미 지하 매트와 책장 아래에 있던 책들이 젖어 들고 있었다.

즉각 어른들이 두 팀으로 나뉘어 수습에 들어갔다. 옥상 팀은 4층

179

에 고인 물을 쓰레받기로 세숫대야에 퍼 담았다. 지하 팀도 쓰레받기로 물을 퍼 담았다. 집집마다 급한 대로 걸레며 수건을 꺼내 복도와 계단을 분주히 닦았다. 난리, 난리, 물난리였다. 어느 정도 수습을 끝내고, 다시 무지개방에 모였다. 서로 얼굴을 보니까 괜히 웃겼다. 다시 수다를 떨며 과일을 먹었다. 아빠 막내 얼룩말이 옥상을 오가며 사태를 파악하기로 했다. 삼십 여분쯤 흘렀을까. 창밖으로 다시 폭우가 쏟아지자, 얼룩말이 옥상에서 외쳤다.

"비상! 비상! 다시 빗물이 몰려옵니다."

빗물이 블록버스터 영화 악당 에어리언이라도 되듯, 다시 어른들은 모두 빗물을 무찌르러 한 손에 쓰레받기, 한 손에 걸레를 들고 비장하게 나섰다. 다시 빗물을 모두 해치웠다.

기진맥진한 어른들이 모두 집으로 돌아갔다. 다시 문제가 터졌다. 지하 오물 용천수가 퐁퐁퐁 다시 오물을 토해 내기 시작한 것.

멈춰 있던 오물이 다시 나온 이유는 누군가 집에 들어가 씻었기 때문이었다. 아빠들은 이 사실을 발견하고, 순번제로 씻기로 했다. 한 집이 씻는 동안, 다른 사람들은 모두 물을 퍼 담고, 다른 사람이 씻으러 들어가면 남은 사람이 솟아오르는 오물을 담았다. 씻는 일이 이렇게 소중한 일인 줄 새삼 느끼게 되었다. 한참 가족들이 씻고 나오고를 반복할 때, 바깥일을 마치고 돌아온 누렁소가 지하실로 들어왔다. 누렁소가 껄껄 웃었다.

"다 들어가세요. 제가 할게요."

누렁소가 물을 푸기 시작했다. 인간 양수기일까. 다른 아빠들이 모

하자 없는 집은 없다

종삽으로 물을 퍼낸 속도였다면 누렁소는 포클레인으로 퍼내는 수준
이었다. 듬직한 체구의 누렁소가 빛의 속도로 물을 퍼낸 후, 다시 한
번 우리들에게 말했다.

"제가 마무리할 테니까 다 들어가세요."

누렁소의 등 뒤에서 광채가 나는 것 같았다. 물을 빨리 푸는 게 그
토록 멋져 보일 줄 몰랐다. 다른 입주자들이 모두 씻을 동안, 누렁소
는 묵묵히 물을 퍼냈다.

만약 단독 주택에 혼자 살면서 이런 일이 벌어졌다면 당장 어떻게

해야 할지 몰라 발만 동동 굴렀을 것이다. 함께하니 치우는 것도 금방 치우고, 씻는 것도 돌아가면서 씻을 수 있었다.

다음 날 알게 된 사실인데, 폭포 사건은 옥상 배수구가 막혀서 일어난 사건이었다. 물이 빠져야 하는 배수 구멍을 공사 마무리 시점에 인부들이 벽돌로 막아 놓았던 것이다. 그동안은 큰비가 오지 않아서 빗물이 땅에 스며들어 배수구로 빠졌다. 폭우가 오자, 빗물이 갈 길을 찾지 못하고 집 안으로 쏟아져 들어온 것이다. 지하 용천수 사건은 지하 배수관에 단열재 조각이 들어가 있었는데, 갑자기 폭우 때문에 배수관이 막혀 생긴 일이었다. 드래곤이 지하 배수관 내시경 업체를 불러 알아낸 결과였다.

훗날, 산뜰 사람들과 이야기를 나누다가, 그동안 산뜰에 살면서 가장 기억에 남는 순간이 언제냐고 물은 적이 있다. 드라마로 치면 '시청률 최고 1분이 언제냐?'고 물은 것이다. 절반 이상의 사람들이 '물폭포와 지하 오물 용천수 사건'을 꼽았다. 다들 그 사건을 요즘 말로 '웃픈' 상황이었다고 기억했다. 뜻밖의 물난리에 모두 황당했지만, 함께해서 웃겼단다. 산뜰 사람들은 입을 모아 이 일을 겪으며 앞으로 무슨 일이든 함께 해결하면 되겠다는 생각을 했다.

아파트보다 편한 쓰레기 버리기

산뜰에 오기 전, 막연히 쓰레기 버리기가 불편할 거라 생각했다. 예전 빌라에서 자취할 때는 집 밖에 음식물 쓰레기봉투, 일반 쓰레기봉투, 분리수거물 등을 한꺼번에 놔 둔 기억이 있다. 매번 잘 치워져 있

산뜰 분리수거대

었지만, 딱히 지정된 장소에 두는 게 아니라 좀 찝찝한 느낌이 들었다.

아파트에 살 때는 지정된 장소에 쓰레기를 버리니 편리했다. 단지 내에 음식물 쓰레기 수거함, 일반 쓰레기 수거함이 있다는 점이 마음에 들었다. 특정 요일에 한꺼번에 분리수거를 해서 그 시간에 맞춰 나가는 게 번거롭긴 했지만, 누군가 쓰레기를 치워 준다는 생각이 들어 고마웠다. 하지만 생각해 보면, 아파트가 정해 준 요일 외에는 분리수거물을 집 안에 쌓아 두어야 한다는 문제가 있다. 내가 살던 아파트 중에는 분리수거 날짜가 목요일인 아파트도 있었다. 그때는 출퇴근하면서 그 날짜에 맞춰서 분리수거를 하려고 신경 쓰며 살았다.

산뜰 입주 후, 전입 신고를 하려고 동사무소에 갔다. 간 김에 동사무소 직원에게 쓰레기 수거 문제를 상의했다. 며칠 후, 시에서 네 칸짜리 분리수거함과 음식물 쓰레기 수거함 두 개를 대문 앞에 놓고 갔다. 나는 1층에 살기 때문에 오히려 아파트에 살 때보다 편하게 쓰레기를 버린다. 집에 쓰레기를 쌓아 놓지 않고 그때그때 버릴 수 있어 좋다. 가끔 음식물 쓰레기 수거함을 마당 수도에서 씻어 놓으면 끝이다. 생각보다 주택에서 쓰레기 버리기 어렵지 않았다.

만약 이사 갈 상황이 오면?

각 가구는 모두 개별 등기가 되어 있어서 필요한 경우, 각자 집을 매매하거나 임대할 수 있다. 다만, 산뜰의 경우는 구성원 간 어울림이 많은 집이기 때문에 새로 들어올 집에 대해 다른 가족들의 암묵적 동의가 필요할 것이다. 산뜰 주변에는 공동 육아 이념으로 설립한 산학교, 산집이 있다. 이곳에 공동체 주택에 대한 열망이 있는 이웃들이 많아서 혹시라도 매매, 임대를 할 경우, 집이 안 나가서 걱정할 일은 없어 보인다.

한 필지에 공동체 주택을 짓는 경우, 세대별 개별 등기가 가능한 경우와 불가능한 경우가 있다. 얼마 전, 한 친구가 내가 사는 모습이 부럽다며 공동체 주택을 여러 차례 시도했지만, 그때마다 이런저런 이유로 무산되었다. 결국 그 친구는 다른 한 집과 함께 단독 주택을 샀다. 친구는 1층, 이웃은 2층을 쓰기로 했다. 친구가 내게 말했다.

"너희 집은 개별 등기라며? 우리 집은 세대별 개별 등기가 안 된대."

왜 이런 일이 벌어질까? 우리나라 건축법상, 단독 주택은 개별 등기가 안 되고, 공동 주택은 개별 등기가 가능하다. 단독 주택은 '연면적 660m²(바닥 면적의 총합이 약 199평) 이하이며 3층 이하인 집'이고 공동 주택은 '연면적 660m² 이하이며 4층 이하인 집'이다. 이 기준에 따라 친구가 산 2층 단독 주택은 개별 등기가 불가능하고, 4층 공동 주택인 산뜰은 각 세대별로 개별 등기가 가능한 것이다.

몇 년 전, 선풍적 인기를 끌었던 한 필지에 두 가구를 지은 '땅콩집'은 '연면적이 660m² 이하이며 3층 이하인 집'인 경우가 많다. 이럴 경우에는 세대별 개별 등기가 되지 않는다. 서울에서 세 가구가 모여 사는 또 다른 공동체 주택의 경우도 이 같은 이유로 세대주는 한 명이고, 다른 두 가구는 임대 형식으로 들어가 살고 있다.

드래곤은 처음부터 개별 등기가 가능한 공동체 주택을 계획했다. 아무래도 개별 등기가 아니면 입주자 간 사이가 틀어지거나, 한 입주자가 급하게 돈이 필요해 집을 처분해야 할 경우, 여러모로 미묘하고 곤란한 상황이 발생할 거라고 생각했기 때문이다. 선입견일지는 모르지만, 공동체 주택 내에 세대주가 있고, 다른 세대들이 임대해서 산다면 진정한 의미의 공동체를 구현하기 어려울 것이라는 생각도 든다.

> **미니 인터뷰 : 내가 직접 설계한 집, 살아 보니 어때요?**
> 자신이 직접 설계한 집에 사는 사람들은 만족하며 살고 있을까?
>
> 1이호
> 얼룩말은 서서히 집이 완성되어 갈수록 '자식을 키웠는데, 그 애가 제대로 잘 커 준 느낌'이 들어 뿌듯하다고 했다. 집을 지으면

서 자기가 성장한 느낌도 들었단다.

"집을 다 짓고 입주하고 나니, 생각했던 대로 마음이 편안해요. 집을 떠나 외출하기가 싫을 정도입니다."

가족의 마음을 고려해서 집을 설계해서 그런 것 같다고 했다.

102호

파랑네는 '휴식이 있는 집'을 꿈꾸었다. 전등도 모두 노란빛으로 달아, 집 전체에 아늑한 느낌을 더했다.

"직장을 다니다 보면, 나랑 안 어울리는 사람, 싫은 사람을 피할 수 없잖아요. 돈 벌다 보면 내가 하기 싫은 일도 하면서 살아야 하고요. 하루 10시간 가까이 이렇게 시달리고 난 후, 집에 와서라도 편하게 살아야죠. 해방된 느낌으로요. 이 집에 와서는 내 마음과 머리를 억지로 꾸미고 살지 않아도 돼서 좋아요."

부인 살구도 고개를 끄덕였다.

"정말 머무르고 싶은 집이에요. 내가 설계한 공간이니까 만족도가 높아요."

전에 오피스텔에서 살 때는 편하지 않았을까? 파랑이 대답했다.

"그때도 집에 오면 편하긴 했지요. 근데 옆집에서 개 짖고 윗집에서 쿵쿵거리고 뛰면 짜증 났어요. 여기서는 윗집에서 도윤이가 뛴다 해도 아무렇지 않아요. 훨씬 편안하죠."

파랑네가 추구한 그 편안함은 집 밖으로도 흘러나온다. 산뜰 사람들은 대문으로 들어오다 파랑네에서 흘러나오는 노란 불빛과 두런거리는 텔레비전 소리를 들으며 홀린 듯 이렇게 말한다.

"파랑네 들어가 영화 한 편 같이 보며 쉬고 싶네."

2이호

참새네는 거실을 넓게 짠 건 잘한 일 같단다. 전망도 좋고, 탁
트이게 살아서 좋다고 했다. 아쉬운 점은 잠만 자려고 방을 작게
설계했는데, 아이들이 하루가 다르게 쑥쑥 크다 보니, 방이 좀 작
은 것 같다고 했다. 긴 복도를 잘 활용하고 싶었는데, 실제로는
활용이 어려운 점도 아쉽다고 했다.

3이호

또치는 자기가 힘을 준 주방뿐 아니라 집안 곳곳이 만족스럽다
고 했다. 가족들의 동선도 고려해 집을 지었기 때문에, 예전 집보
다 평수는 줄어들었지만 살기는 훨씬 편안하다고 느낀다.

남편 누렁소도 자기만의 이유로 집을 좋아했다. 부인이 집에 애
착이 있어서, 알아서 청소하고 쓸고 닦고 한다고 좋아했다. 자기
구역은 소파 위라며 여유를 부렸다. 그런 누렁소를 또치가 밉지
않은 듯 흘겨보았다. 다만, 누렁소가 방이 다소 좁은 점은 불만이
라고 했다. 또치가 아이들과 함께 잘 때, "자기한테서 이산화탄소
가 너무 많이 뿜어져 나와" 하곤 자기를 쫓아낸다며, 그래서 결국
자기 영역은 소파라며 씁쓸해했다. 그래도 "아내가 행복한 집이
곧 나와 아이들이 행복한 집"이라며 '아내 바보' 모습을 보였다.

4이호

초록은 자기가 직접 설계한 집이기에 살기 편하다고 했다. 인

테리어도 마음대로 할 수 있어, 평상시에 꿈꾸던 대로 집을 꾸밀수 있다. 초록이 집에서 가장 마음에 드는 부분은 높은 천장에 달아 놓은 조명과 집안 분위기에 어울리게 걸어 놓은 그림들이다. 이 집의 암묵적인 규칙을 아이들도 알고 있어, 샤워하지 않은 아이들은 다락으로 올라가지 않는다. 초록은 집 안의 생활공간과 휴식 공간을 완전히 분리해 두어서, 휴식 공간에 오면 온전히 쉬는 느낌이 든다며 만족스러워 했다.

402호

4층을 주출입구로 둔 미키가 가장 만족하는 점은 집이 옥상과 가깝다는 것이다. 미키는 옥상 텃밭을 가꾸며 쉼을 얻는다. 또 식탁에 앉아 창밖 풍경을 보는 것만으로도 에너지를 얻는다.

아빠 로이는 어렵게 지켜 낸 3층 아빠만의 공간을 제일 좋아했다. 비록 그 공간에 문을 달지는 못했지만, 자기만의 공간을 지켜낸 것에 의의를 두었다.

2. 함께 사는 삶이 주는 혜택

치타 여사는 왜 정환이를 목 놓아 불렀나?

지금 도시에 사는 대부분 사람들은 옆집, 아랫집, 윗집에 누가 사는지 모른다. 마을과 이웃은 사라진 지 오래다. 사람의 온기가 그리

웠던 것일까? 우리가 한창 집 짓고 입주를 준비하던 시점, 〈응답하라 1988〉이라는 드라마가 방영되었다. 이 드라마에 수많은 시청자들이 열광했다. 지금은 사라진 '골목·마을·이웃'에 대한 이야기였다.

나는 산뜰에 오고서야, 이 드라마에서 치타 여사 라미란이 왜 대문 앞에 나와 "정환아, 밥 먹어라!" 하고 목 놓아 아이들을 부르는지 알게 되었다. 산뜰에 오기 전까지 나는 한 번도 "민준아, 밥 먹어라!" 하고 아이를 불러 본 적 없다. 왜냐하면 아이가 어린이집에 가 있거나, 친구 집에 놀러 간 시간 외에는 항상 내가 아이를 돌보았기 때문이다. 골목과 마을이 사라진 도시는 더 이상 마음 놓고 아이들이 뛰어놀 수 있는 장소가 아니다. 아파트 앞 주차장에는 자동차들이 쌩쌩 오간다.

세상에는 별 흉악한 사람들도 넘쳐난다. 요즘 미취학 아동을 집 밖에 혼자 내버려 두는 부모는 진짜 간이 큰 부모다. 지금 우리 사회에서 아이들은 전적으로 자기 부모가 돌보아야 한다.

〈응답하라 1988〉 시절, 어스름 저녁 끼니때가 되어 아이들의 이름을 부르는 엄마들에게 아이들의 안전은 중요한 문제가 아니었을 것이다. 당연히

여기가 네 집인지 내 집인지

아이들은 어느 집에서나 자기 집처럼 편안하게 논다

이 골목 안은 안전하다는 믿음이 있었을 테니까.

'이것들이 이 골목 어딘가에서 짱 박혀 놀고 있겠지? 밥은 먹어야 할 텐데 도대체 어디 있는 거야?'

산뜰에 온 후, 내 마음이 꼭 그랬다. 주말이 되면, 아침을 먹자마자 여덟 살 아들이 사라진다. 아들이 어디 있는지 정확한 장소를 몰라도 불안하지 않다. 산뜰 어딘가에서 잘 놀고 있을 거라는 믿음이 있기 때문이다.

이사 온 지 얼마 되지 않아 한번은 아들이 아침에 나가서 저녁에 들어온 적이 있었다. 어느 집에서 밥을 얻어먹었겠거니 생각하고 "밥 먹었어?"라고 물어보았다. 아들이 환하게 웃으며 답했다.

"아니! 점심 안 먹었어. 근데 배 하나도 안 고파."

갓 지은 따스운 고봉밥 두 그릇 먹은 것보다 더한 포만감이 아들 얼굴에 어려 있었다. 실컷 논 아이 얼굴이 그렇게 충만할 수 있다는 것을 처음 알았다. 이래서 아이들에게 '놀이가 밥'이라고 했나 보다. 그래도 모르면 몰랐지, 밥을 안 주며 놀게 하는 것은 아동 학대일 터.

같은 이유로 밥때가 되면, 엄마들이 현관문을 열고 나온다. 친구와 놀이에 파묻혀 밥때를 잃어버린 아이들을 부른다.

"민준아, 밥 먹어!"

"다인아, 밥 먹어!"

"재윤아, 밥 먹어!"

그 옛날, 1988년 쌍문동 골목에서 엄마들이 그러했듯이.

이럴 거면 같이 먹지

내가 꼽은 〈응답하라 1988〉 최고 명장면은 덕선(이혜리 분)과 택이(박보검 분)의 키스신도 아니요, 정환이(류준열 분)가 만원 버스 안에서 팔목 핏줄이 터져라 덕선이를 보호해 주는 장면도 아니다. 내가 꼽은 최고 명장면은 식사 때가 되자, 골목 사람들이 음식을 나누어 먹는 장면이다.

아이들은 각 집에서 음식을 들고나와 서로 집에 배달한다. 도롱뇽(이동휘 분)은 "이럴 거면 같이 먹지"라고 투덜거린다. 엄마 없는 택이네 집 식탁 위에는 택이 아빠가 끓인 김치찌개 하나뿐. 잠시 후, 동네 아이들이 가져 놓은 음식으로 식탁이 풍성해진다. 그제야 택이 아빠는 숟가락을 들고 택이에게 말한다.

"택아, 묵자."

나는 이 장면이 이 드라마의 백미라고 생각한다. 택이는 엄마 없이 과묵한 아버지 아래서 자랐다. 할 줄 아는 건 바둑뿐인 아이다. 그런 택이를 키운 건 결국, 골목 사람들이 따뜻하게 나눈 음식과 정이 아니었을까?

산뜰에 와서 내가 이웃들과 함께 산다는 실감이 날 때는 바로 산뜰 가족들과 함께 밥을 먹을 때다. 사실 산뜰 가족들은 다른 가족들과 함께 밥 먹는 것에 어느 정도 익숙한 사람들이었다. 산집에는 방모임이나 총회가 있을 때, 조합원들이 둘러앉아 밥을 함께 먹는 문화가 있다. 처음 산집에서 여러 사람들과 함께 밥 먹을 때는 밥이 입으로 들어가는지, 코로 들어가는지 모를 지경이었다. 옆에서는 애들이 울어대고 싸워 대지, 어른들은 수다 떨지, 밥이 속에서 콱 얹히는 것 같았다. 하지만 시간이 흐르다 보니, 어수선한 분위기에서 그렇게 둘러앉아 밥 먹는 것에 익숙해졌다.

산뜰 가족들은 이런 공동 밥상 분위기에 적응이 어느 정도 된 상태였다. 산뜰 가족들은 어수선하게 밥 먹는 분위기에 체념한 상태를 넘어, 시끌벅적하게 밥 먹는 분위기를 즐기는 듯했다.

"오늘 저녁 함께 먹어요."

누군가 이렇게 제안하면, 누군가는 밥을 했고, 누군가는 국을 끓였다. 각 가구에서 반찬을 한 가지씩만 가져와도 풍성한 밥상이 차려졌다. 산뜰 사람들은 각자 조금씩 '품'을 내면, 그 '품'이 항상 더 큰 무엇이 되어 돌아온다는 걸 알고 있었다.

시간이 흐르면서, 진짜 '집밥'처럼 먹을 때도 많아졌다. 바로 1식 1

국 1찬으로 먹는 것. 미키가 "저 오늘 돼지고기 김치찜 끓였어요. 저녁 같이 먹어요" 하면, 어른들은 밥과 국만 먹고, 아이들은 김에 밥을 싸서 준 적도 있었다. 그래도 신기했다. 함께 먹는 밥은 달았다. 주말 오후면, 이런 문자가 날아든다.

'떡볶이 했어요. 간식 먹어요.'

'전 부쳤어요. 무지개방에서 막걸리 한잔해요.'

산뜰 사람들은 산뜰에 와서 몸무게가 늘었다면서도, 반가운 기색으로 무지개방으로 달려간다.

"오늘 제가 저녁 해방시켜 드릴게요! 무지개방 6시!"

가끔 또치가 반가운 카톡을 날린다. 나는 '오늘 저녁에는 무엇을 해 먹을까?' 고민하다가 그 문자를 받으면 입가에 웃음이 걸린다. 퇴근하다가 그 문자를 받은 엄마들도 환호한다. 또치는 친정어머니가 국이며 반찬을 자주 갖다 주신다. 한동안 월요일마다 또치가 그 반찬으로 산뜰 가족들에게 저녁을 차려 주었다.

"그 반찬 우리가 다 털어 먹으면 또치는 맨밥에 김 먹는 거 아냐?"

다른 가족들이 또치를 걱정할라치면, 또치 남편 누렁소가 다른 엄마들을 안심시켰다.

"같은 반찬으로 3일 이상 먹으며 물려요. 괜찮아요. 이렇게 맛있게 먹는 게 저도 좋아요."

이 사실을 전혀 모르는 또치 어머니께 감사드리며, 산뜰 식구들은 맛있게 저녁을 먹었다.

음식을 나누는 사이만큼 가까운 사이도 없다. 그러기에 함께 밥을 먹는 사람, '식구'라는 말도 생겼을 것이다.

덕선 엄마는 왜 그리 손이 컸나

음식 이야기가 나와서 말인데, 세계 코하우징을 보면 공동 부엌을
두고 음식을 함께 먹는 공동체가 많다. 끼니때마다 밥해 먹는 일은 일
상에서 큰 비중을 차지한다. 귀찮다고 거를 수 있는 일도 아니다. 그
래서 '밥'을 함께 해결하는 '밥상 공동체'에 대한 관심은 늘 뜨겁다. 예
전에 함께 근무한 아이 둘 키우는 독립 육아군 동료는 "집 근처에 믿
고 먹을 수 있는 밥상 공동체가 있으면 진짜 좋겠다"는 말을 자주 했
다. 누군가 밥만 해 주어도 가사 부담이 확 줄어든다.

그래서일까. 산뜰에서는 유난히 '음식'에 관한 에피소드가 많다. 나
는 〈응답하라 1988〉을 보면서, 덕선 엄마(이일화 분)에게 많이 공감
했다. 덕선 엄마는 음식을 하면서 무의식중에 마을 사람들과 음식을
나누어 먹으리라 생각한 것 같다. 음식 솜씨도 없으면서, 쓸데없이 손
이 크다. 산뜰에서 딱 내 캐릭터다.

어느 날, 직장 동료들이 우리 집에 놀러 왔다. 동료들이 물었다.

"이런 공동체 주택 살아서 좋은 점이 뭐야?"

내가 대답했다.

"요리해서 나눠 먹는 거? 식사 때면 식탁이 풍성해져. 나도 어제 된
장찌개 한 솥 끓여서 막 나눠 줬어."

평상시 사리 분별이 뛰어나기로 소문난 동료가 걱정스러운 얼굴로
말했다.

"아, 그 된장찌개가 맛있어야 할 텐데."

다른 사람들 표정을 보니, 다들 수긍하는 분위기였다. 난 그 순간, 깨달았다.

'내가 덕선이 엄마였구나.'

산뜰 사람들은 절대 남 듣기 좋은 말만 하는 사람들이 아니다. 특히 몇 입주자들은 내 요리에 대해 냉혹한 평가를 아끼지 않았다. 특히 드래곤이 냉철했다.

"앵무새 요리는 간이 거의 안 되어 있어서, 건강에는 참 좋을 것 같아."

손도끼도 맞장구쳤다.

"앵무새는 소설을 써서 그런지, 요리도 참 창의적이야."

다른 부모들도 짓궂게 놀렸다.

"요리에 기복이 있지만, 이번 거는 괜찮았어."

"어제 준 게 된장찌개였다며? 난 육개장인가 했어. 다들 된장찌개라고 해서 놀랐다고."

초록도 한마디 했다.

"앵무새, 모든 요리는 조리법대로 해. 처음부터 막 응용하고 그러면 안 돼."

이런 평을 듣고 있지만, 나는 산뜰 식구들 음식 먹일 생각에 요리 꿈나무로 성장해 나가리라 다짐했다. 초록이 싱긋 웃으며 말했다.

"나도 앵무새 마음 알 것 같아. 어디 가면 우리 식구들 먹이고 싶어서 막 싸 온다니까? 난 산뜰에 와서 변한 점이 있어. 결혼 생활 17년

반찬 나르는 아들

동안 시댁에서 명절 때 음식을 가져가라고 해도 한 번도 가져오지 않았어. 집에서 밥을 잘 안 먹는 걸 아니까, 싸 와 봤자 버릴 게 뻔했거든. 근데 이번 명절에는 산뜰 식구들하고 나누어 먹으려고 시어머니한테 음식을 이것저것 싸 달라고 했어."

초록 시어머니는 늘 음식을 싸 주겠다면 손사래를 쳤던 며느리가 음식 챙기는 것을 보고, 측은한 눈빛으로 물으셨단다.

"너희 요즘 어렵니?"

또 다른 덕선 엄마도 생겼다. 살구도 산뜰에서 자꾸만 요리를 해서 산뜰 식구들에게 나누어 준다. 살구는 산뜰 가족들에게 '샐러드, 샌드위치, 파스타 계의 장인'으로 불린다. 최근에는 빵도 굽는다. 사람들이 이렇게 말할 정도다.

"살구 나중에 나이 들어서, 브런치 카페 차려요."

나는 살구가 원래 이런 요리를 즐기는 줄 알았다. 알고 보니, 다 산뜰에 와서 처음 해 본 요리들이라고 했다. 사람들이 자꾸 자기에게 요리를 가져다주니까, 자기도 무언가 대접하고 싶었단다. 가장 잘 할 수 있는 것으로 찾다 보니, 이런 요리들이었다. 사람들이 '진짜 맛있다'고 해 주니 더 자주 하게 되었다는 것.

산뜰 전체 가족들과 음식을 나누어 먹을 때도 있지만, 양이 적을 때는 바로 옆 이웃과 나누어 먹는 경우가 많다. 나는 요리를 할 때 한 그릇씩 퍼서 살구네에 자주 갖다 주며, 이렇게 당부한다.

"맛은 장담 못 해요. 그저 배를 채운다 생각하고 드세요."

우리 앞집에 사는 살구와 파랑은 맞벌이 부부라 때로는 나의 국 한 그릇, 반찬 한 접시가 반가울 수도 있다는 생각이 들었다. 살구도 요리를 하면 꼭 한 접시씩 우리 집에 보낸다. 그러다 보면 하루 종일 서로 집에 음식이 오갈 때도 있다. 그런 주말 오후에는 남편 얼룩말이 한마디 한다.

"오늘은 살구가 우리 집을 먹여 살리네. 오늘만 해도 샐러드, 샌드위치, 볶음밥 줬잖아."

한번은 내가 된장찌개,

우렁 각시 살구가 보내 준 음식

호박볶음을 해서 살구네 초인종을 누르려던 찰나, 살구가 문을 열었다. 살구도 우리 집에 부침개를 가져다주러 현관을 나선 참이었다. 예전 '의좋은 형제' 이야기가 생각났다. 동생네 쌀이 없을까 봐 한밤중에 형님이 동생네 논으로 쌀을 갖다 주고, 형님네 쌀이 없을까 봐 동생이 형님네 논으로 쌀 갖다 준 이야기. 살구와 나는 그렇게 '의좋은 자매'가 되어 복도에서 한바탕 웃었다.

산뜰 사람들이 전날 함께 어울려 술자리를 가진 날 아침이면, 참새의 카톡이 울린다.

'아침에 콩나물국 끓였는데, 혹시 필요한 사람? 배달 가능함.'

내가 원고 마감 때문에 한동안 요리에 손을 놓고 있어도, 우리 가족들이 굶을 일은 없을 거라 믿는 이유다.

아빠들도 요리를 시작했다. 로이도 음식 만들기에 생애 처음 도전해 산뜰 가족들에게 김치볶음밥을 선사했다. 엄마들이 함께 운동하는 수요일, 얼룩말이 향신료를 잔뜩 사 와 '인도 카레'를 만들어 산뜰 가족들의 환호를 받기도 했다.

이 외에도 산뜰 가족들은 어디 가서 맛있는 것만 보면, 함께 먹으려고 양손 가득 음식을 싸 들고 온다. 덕분에 집에서 맛집 감자탕, 칼국수, 주꾸미 볶음도 맛볼 수 있다. 드래곤은 퇴근이 이른 날이면, 각 집 초인종을 눌러 김밥을 투척해 주신다. 특히 요리 못하는 집 엄마들이 있는 집에는 한 줄씩 더 넣어 주는 센스를 잊지 않는다. 나는 늘 다른 집보다 김밥 한 줄 더 받는 특권을 누린다. 누렁소는 한 번씩 자기만의 시간을 가지러 훌쩍 떠나는데, 여행 간 지방 유명 제과점에서 빵을 사다가 집집마다 돌린다. 그럴 때면 꼭 푸근한 덩치의 누렁소가 산타 할아버지 같다.

어째 산뜰 식구들이 다들 손 큰 덕선 엄마가 되어 가는 것 같다.

자기 집에는 꼭 필요한 공간만 있으면 된다

산뜰 각 세대가 자기 집 도면을 완성할 때쯤, '미니멀리즘', '물건 다이어트' 이런 말이 유행이었다. '미니멀리즘'이란 최소한의 물건으로 사는 삶을 말한다. 나도 어느 정도 '미니멀리즘'에 동의하는 심정이었다. 하지만 집을 설계할 때는 의식적인 '미니멀리즘'이 아니라, '강제 미니멀리즘'을 할 수밖에 없는 상황이었다.

사람 마음이 그렇다. 32평 아파트에 살 때는 공간이 비어 있으니까 자꾸 무엇을 채워 놓고 싶었다. 아이 방에 나무 자석 블록 세트도 사 주었고, 사촌에게 물려받은 커다란 자동차 장난감들도 가득 방에 쌓아 놓았다. 벽이 허전해 보여서 사진, 그림도 자꾸 갖다 붙였다.

막상 살아야 하는 공간이 18평이 되자, '어떻게 버릴까?'를 궁리하게 되었다. 책도 짐이 될 수 있다는 생각을 처음으로 했다. 산뜰 입주자들도 다들 예전 살던 곳보다 조금씩 작은 평수에서 살아야 하니 필사적으로 '버리는 고민'을 했다. 미키와 나는 정리에 관한 책을 보며 마음을 다잡았다. 미키가 이사 준비를 하며 이렇게 말하기도 했다.

"우리 방금 웨딩 사진 액자, 대학 졸업 앨범도 버렸다."

옆에서 미키 남편 로이가 말했다.

"지금 이 사람, 집에 있는 거 다 버리고 있어요. 미키, 나만 버리지 말아 줘."

우리 집도 대대적인 정리에 들어갔다. 옷장도 다 뒤집어서 입을 옷과 버릴 옷을 추렸다. 낡거나 유행이 지난 옷 외에 싫증나거나, 체형이 변해서 못 입는 옷들은 그냥 버리기 아까웠다. 검색을 해 보니, 아름다운 가게나 장애인들의 일자리를 돕는 숲스토리, 굿윌스토어, 옷캔 등 옷을 기부할 수 있는 기관이 있어 적당한 곳에 기부했다. 아이의 책과 장난감들 중 쓸 만한 것들은 지하 놀이방에 내려다 놓았다. 주방에는 꼭 쓸 그릇과 조리 도구만 남겼다. 홈쇼핑에서 충동구매 했던 조리 도구들은 모두 처분했다. 잘 보지 않는 책들도 다 정리했다. 대학교 전공 서적도 버렸다. 이사 올 때 많이 버리고 왔다고 생각했는데, 와서 보니 짐이 또 한가득했다. 이삿짐을 거실에 부리고 보니, 짐이 불린 미역처럼 꾸역꾸역 늘어났다. 도저히 집 안에 다 들어갈 것 같지 않았다. '그동안 이 많은 짐들을 어디에 박아 놓고 산 것일까?' 하는 생각이 절로 들었다.

산뜰에 이사 오고 나서 책 이외에 살림살이를 사들인 경우는 거의 없다. 어차피 들어갈 곳이 없기 때문이다. 그런데 신기한 것은 그다지 집이 좁다는 느낌이 들지 않는다.

로이가 얼마 전, 이런 말을 한 적 있다.

"저희 집은 402호가 아니라 산뜰 전체입니다."

나도 그 말에 격하게 공감했다. 우리 남편은 처음에 화장실을 두 개 만들려고 했다. 하지만 지하에도 화장실이 있고, 2층 무지개방에도 화장실이 있다고 생각하니, '굳이 두 개를?' 하는 생각이 들어 하나만 만들었다. 3층 누렁소네도 같은 이유로 화장실을 하나만 만들었다. 실제로 살아 보니, 자연이 우리 가족 중 두 명을 동시에 부를 때면 한 명은 2층 무지개방이나 지하로 뛰어간다.

손님들이 많이 오면 무지개방으로 간다. 아이 친구가 놀러 와도 우리 아이 방에서 노는 시간보다 마당이나 지하에서 노는 시간이 더 많다. 예전에는 방 하나를 차지하던 짐들이 창고에 내려가 있다. 그러니 집이 그다지 좁다는 생각을 않게 되는 것이다.

좁은 집이 별로 좁다고 느껴지지 않는 이유는 각 세대가 자기 집만 집으로 생각하지 않고, 산뜰 전체를 자기 집이라고 생각하기 때문이 아닐까.

공유 경제를 실천하다

지금 와서 보니, 입주자들끼리 처음부터 물건을 함께 쓰기로 계획을 세웠으면 좋았을 거라는 생각이 든다. 처음 공동체 주택을 구상할 때는 '함께 물건 쓰기'를 전혀 생각하지 못했다. 내 집 안에 모든 것을 쟁여 놓고 살아야 한다는 생각이 강해서였나 보다.

서울 마포구 성미산 마을에 있는 한 공동체 주택을 방문했을 때였다. 그 공동체 주택은 1인 가구나 신혼부부를 위한 작은 평수로만 구성되어 있었다. 그 집에서 가장 인상적이었던 것은 공용 세탁기가 있다는 점이었다. 한 집에는 싱크대 아래 소형 드럼 세탁기가 있었는데, 자기 집에서는 아주 간단한 빨래만 하고 큰 빨래는 공용 세탁기에 가져가서 한다고 했다. 입주자들끼리 합의만 되면, 세탁실을 공용으로

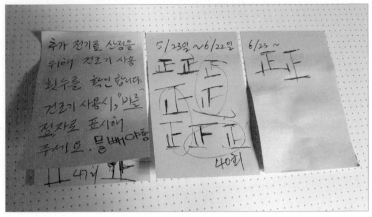

건조기 다 함께 쓰기

두고, 각 집의 세탁실 공간을 다른 공간으로 활용하면 좋겠다는 생각을 했다.

얼마 전, 미키가 엄마들에게 제안을 했다.

"우리 건조기 한 대 사서 함께 쓸래?"

1층은 베란다에 빨래를 널 수 있지만, 간혹 미세 먼지, 황사가 있는 날이나 비 오는 날은 실내에서 빨래를 말렸다. 다른 집은 베란다가 없어 항상 실내에서 빨래를 너니까 실내 공간이 좁게 느껴지던 참이었다. 다른 엄마들이 모두 이 말에 동의했다. 어차피 건조기는 냉장고처럼 하루 종일 쓰는 물건이 아니어서 함께 써도 괜찮을 것 같았다. 건조기 비용은 n분의 1을 했다. 건조기는 무지개방에 놓기로 했다.

'전기세는 어떻게 해야 하나?' 하고 고민했는데, 은행원 로이가 해결책을 찾았다. 한 번 건조기를 돌릴 때마다 바를 정(正) 자 표시를 하게 했다. 그 합리적인 방안에 입주자들이 경악하면서도, 착실히 바를 정 자를 기록했다. 로이는 2개월간 전년도 대비 전기세 추이를 분석해서 세대당 추가 전기세를 고지했다. 가구당 한 달에 2,500원씩 더 내기로 했다. 장마철이나 미세 먼지가 심한 날 건조기를 쓰며, "지구야, 미안해"를 외치지만, '그래도 집마다 다 안 사고 한 대만 산 게 어디야'라고 위로해 본다. 앞으로도 필요한 물건은 공유하며 쓸 생각이다.

개인과 공동체가 함께 추구하는 공간

공동체 주택에 관한 관심이 높아져 소행주 카페에도 많은 질문들이 올라온다. 그중 한 분이 이런 요지의 질문을 올려놓았다.

'같은 교회를 다니는 사람들끼리 같은 마을에 살고 있다. 아파트 전셋값이 너무 올라 이사를 가야 할 처지여서 함께 모여 살고 싶다. 막상 함께 집을 짓자니 돈은 얼마나 들지, 적당한 땅은 있을지 걱정이 된다. 그럴 바에는 빌라나 단독 주택에 함께 모여 사는 것도 좋을 것 같다. 집을 지어 함께 사는 것과 한 빌라나 단독 주택에 모여 사는 것의 차이는 무엇일까?'

지인들 중에도 다른 가구와 함께 살고 싶어서 빌라나 단독 주택을 구입해 사는 경우가 종종 있다. 나는 이렇게 살아도 충분히 이웃과 더불어 사는 즐거움을 누릴 수 있다고 생각한다.

하지만 사람들이 굳이 공동체 주택을 '짓는' 이유는 바로 개인과 공동체가 추구하는 공간을 정확하게 구현해 낼 수 있기 때문이다. 개별 가구는 자기 가족 라이프 스타일에 맞게 공간을 꾸밀 수 있다. 또 함께 살기에 적합하게 여러 공용 공간도 미리 설계할 수 있다.

사람이 공간을 만들지만, 때로는 함께 살게끔 만든 공간은 사는 사람을 바꾸기도 한다. 더 공동체적으로, 더 주도적으로 살게끔 말이다.

사생활 침해, 아파트보다 적다

"사생활 침해 없나요?"

공동체 주택에 산다고 하면, 가장 먼저 묻는 질문이다. 나는 모든 산뜰 가족들에게 이 질문을 던져 보았다. 다들 고개를 갸웃거리며, 이렇게 얘기했다.

"사생활 침해, 없습니다."

로이는 회사 동료들에게 이렇게 말했다고 한다.

"나는 그냥 단독 주택 사는 것 같아."

주방과 화장실을 공유하는 셰어하우스는 사생활 침해가 있을 수 있지만, 산뜰은 각자 집 안에 가족들이 생활할 수 있는 모든 시설이 있기 때문에 집 안에 있으면 그냥 마당 있는 단독 주택에 사는 것과 같다. 누가 억지로 우리 집 문을 열고 들어오거나, 내 일상을 시시콜콜 누구에게 보고해야 하는 것이 아니므로 사생활 침해는 거의 없다고 보면 된다. 자기 이야기를 본인이 먼저 꺼내지 않으면, 이웃이 다른 사람의 사생활을 알 수도 없다.

일부 입주자들은 이렇게 이야기하기도 했다.

"나 따위에게 사생활이란 게 있었나."

오히려 사생활 패턴을 알면 이웃 간에 더욱 조심할 수도 있다. 1층에 사는 파랑은 회사에서 회계 일을 하는데, 매달 31일이 되면 밤을 새우고 온다. 그래서 매달 1일에는 엄마들이 아이들을 이렇게 단속한다.

"파랑 지금 자니까, 파랑네 초인종 누르지 마라."

그런 의미에서 미키는 "사생활에 대한 개념을 다시 정립할 필요가 있다"고 했다.

또 주택은 집을 지을 때 구조적으로 사생활을 존중할 수 있게 지을 수 있다. 1층 우리 집은 발코니 울타리를 만들어서 마당이나 대문 밖에서 집 안이 보이지 않게 했다. 아파트 저층 세대는 블라인드를 치지 않으면, 지나다니는 사람들에게 사는 모습이 고스란히 노출된다. 사생활이 침해되지 않으려면 한여름에도 블라인드로 꽁꽁 가리고 살아야 한다. 또 밤이면 마주 보는 동의 거실 내부가 훤히 다 들여다보인다. 이런 경우에는 오히려 아파트 사생활 침해가 더 심한 것 같다.

층간 소음이 없는 두 가지 이유

많은 사람들이 '층간 소음은 없나요?'라고 묻는다. 어떤 아파트는 윗집 거실에서 말하는 소리가 아랫집에 다 들린다고 하는데, 산뜰은 그런 문제가 없다. 각자 자기 집 안에 있으면, 이웃집에 누가 있는지, 무엇을 하는지 알기 어렵다.

산뜰 입주자들 인터뷰 결과, 층간 소음으로 고통받는 가구는 없었다. 여기에는 두 가지 이유가 있다. 첫째, 기술적으로 큰 문제없이 지었다는 이야기다. 하지만 더 중요한 이유는 아랫집, 윗집에 누가 살고 있는지 알고 있어서가 아닐까?

요즘 층간 소음 때문에 이웃 간 칼부림까지 난다는 뉴스를 종종 접한다. '이웃을 잘 만나야 한다'는 말은 '나와 삶을 나눌 이웃을 잘 만나야 한다'는 뜻이 아니라 '의자 끌지 않고 발 쿵쿵거리지 않는 개념 있는 윗집'과 '시도 때도 없이 시끄럽다며 인터폰 해 대지 않는 무던한 아랫집'을 만난다는 뜻이다.

빈집 프로젝트 때 건축가 이일훈 선생님께서 이렇게 말씀하신 적 있다.

"층간 소음은 기술적인 문제로 해결할 수 없습니다."

결국 층간 소음도 '기술'의 문제가 아니라 '사람'의 문제라는 의미다.

친구 한 명이 어느 날부턴가 아파트 아랫집에서 음식 냄새가 문을 열고 살 수 없을 정도로 심하게 올라와 힘들어했다. 아랫집에서 요리하는 사람의 음식 솜씨가 좋은지 '오늘 반찬은 꽈리고추 볶음과 콩자반'이란 걸 알 정도로 냄새가 맹렬하게 났다. 그렇게 참고 산 지 몇 달이 지나, 우연히 엘리베이터에서 아랫집에 사는 사람을 만났다. 알고보니 아랫집 여자는 자기 아이와 같은 반 아이의 엄마였다. 아이들끼리 반갑게 인사를 나누자, 그 아줌마가 친구네를 초대해서 식사를 한번 했단다. 그러면서 자기 남편이 일찍 출근하는데 꼭 집밥을 먹고 싶어 해서 아침부터 요리를 한다고, 냄새나게 해서 미안하다고 사과하더란다. 밑반찬도 몇 개 싸서 친구에게 들려 주었다. 친구가 웃으며 말했다.

"다음 날도 똑같이 냄새 올라오는데 음식 냄새가 예전처럼 역하지 않더라. 참 신기해."

산뜰도 비슷한 것 같다. 시공사에서 기술적인 결함으로 인한 층간소음을 없애려고 노력한 것도 있겠지만, 어쩌면 윗집에서 쿵쾅거려도 그 정도는 문제가 안 된다고 스스로 생각하는 것일지도 모른다.

산뜰이 가끔 시끄러워질 때가 있다. 바로 한 집에 아이들을 동반한 손님들이 왔을 때다. 그 아이들이 마당, 지하를 오가며 놀면 아주 시끄럽다. 그런데 이게 참 아무렇지 않다. 왜냐하면 내 아이도 거기 껴서 놀고 있으니까. 또 내 아이가 외출해서 그 자리에 없더라도, 거슬리지 않는다. 함께 아이를 키우니까 그다지 시끄럽다고 느끼지 않는 것이다. 게다가 마을 아이들이 놀러 오면 거의 다 아는 애들이다. 남의 집에 놀러 온 아이들도 다른 집 부모들이 반갑게 맞이한다.

내가 다른 산뜰 식구들에게 미안할 때는 산뜰 식구들이 모르는 내 친구들, 직장 동료들이 아이들을 데리고 오거나, 시댁 식구들이 아이들을 데리고 와서 밤늦게까지 놀 때다. 그 아이들은 산뜰에 오면 이성의 끈을 풀고 마음껏 논다. 집에서는 매번 '발 들고 살살 걸어라'고 꾸중을 듣다가 산뜰에 오면 신나게 뛰어놀 수 있기 때문이다. 이 아이들은 산뜰에 오면, 집에 빨리 가려고 하지 않는다.

간혹 부모들끼리 이야기가 늦어져 지하에서 아이들 노는 소리가 늦게까지 쩌렁쩌렁 울리면 나는 단체 카톡방에 이런 글을 올린다.

"미안해요. 애들 놀러 와서 시끄럽죠?"

답은 주로 이렇게 달린다.

"괜찮아. 문 닫고 있으니 하나도 안 들리는걸."

나 역시 다른 입주자들의 지인들이 아이들을 데리고 와서 놀 때 그 소리가 잘 들리지 않는다. 나도 같은 경우에 '시끄럽다, 짜증 난다'는 감정이 든 적 없으니, 그들의 말이 진심인 것 같아 안심된다.

요즘이 어떤 때인가. '노키즈존'이라고 정해 두고 아예 아이 동반한 가족은 오지 못하게 하는 식당이 늘어나고 있다. 사정이 이러니, 자꾸 가족들과 지인들이 우리 집으로 모이려 든다. 나는 요리에 관심도 없고, 커피를 마시지 않아 집에 맛있는 커피도 없다. 예전부터 나를 잘 아는 친구들은 먹을 것을 자기들이 챙겨 오기도 하고, 마실 커피도 주섬주섬 챙겨 오는 편이다. 산뜰에 온 후, 가족들과 지인들은 이런 '불편한 셀프 접대'를 감수하고도 더욱 자주 우리 집에 모여든다. 펜션에 오는 기분이란다.

"우리 애들이 자꾸 산뜰 가자고 해. 마당이랑 지하에서 뛰어놀고 싶대. 바비큐도 하고 싶대."

산뜰은 사람들이 자꾸 찾아오고 싶어 하는 집이다. 아이들이 마음껏 뛰어놀 수 있는 공간이 있을뿐더러, 아이들이 만들어 내는 소음도 참아 주는 이웃들이 있어서가 아닐까?

부부 싸움, 칼로 물 베기

"부부 싸움할 경우, 이웃집에 민망하지 않나요?"

이 질문도 많이 들었다. 살다 보면 당연히 부부 싸움을 할 때가 있다. 잘 싸우는 부부가 건강한 부부인 법이니까. 때에 따라서는 부부 싸움 내용을 당사자가 공개하기도 하고, 다른 입주자들이 분위기로 눈치채기도 한다. 입주자들은 어느 정도 각 부부의 성격과 평소 사이를 알기 때문에 싸움 내용에 그다지 놀라지 않는다.

때로는 한 엄마가 이렇게 자기 남편 흉을 보는 경우가 있다.

"세상에 글쎄, 나하고 상의도 없이 남편이 이러저러해서 내가 완전 쏘아붙였어."

다른 엄마들이 그 이야기를 들어 주면, 그 엄마 감정이 스르륵 풀린다.

드래곤은 가끔 이렇게 투덜댄다.

"맨날 초록이 나 일 시켜. 그래서 방금 싸웠어."

하지만 다른 입주자들은 금방 드래곤이 초록 요구대로 해 줄 것을 알기에 다들 그러려니 한다. 손도끼가 아빠들끼리 있는 자리에서, "요즘 반찬이 통 시원찮아" 하고 말하면, 다들 "형님, 부인 앞에서는 꼼짝도 못 하면서 허세 좀 그만 떠세요"라고 말하기도 한다.

아빠들은 부부 싸움의 징후를 발견하면 자초지종을 듣지도 않고, 바로 그 아빠에게 화해를 종용하곤 한다.

"무조건 빌어. 빨리 화해해."

어느 쪽으로 보든 부부 싸움이 장기화될 가망은 없어 보인다.

산뜰에서 부부 싸움을 할 경우, 어른들이 민망하고 안 민망하고를 떠나 아이들에게는 참 좋은 것 같다. 살다 보면 집안 분위기가 심상치 않아지는 경우가 있다. 그럴 때 그 집 아이는 다른 집으로 피신한다. 여차하면 다른 집에서 잠을 자고 가기도 한다. 집안 분위기가 누그러지면 다시 자기 집으로 돌아간다.

예전 대가족이 모여 살던 때, 엄마한테 혼날 일이 생기면 아이는 할머니 치마폭으로 들어가거나 상냥한 고모, 이모 뒤에 숨어 화를 면하곤 했다. 그 사이 엄마 화가 풀리기 마련이었다. 핵가족화된 요즘, 현관문이 닫히는 순간 아이는 집 안에 갇힌 것과 다름없다. 부모가 싸우거나, 화내는 순간을 아이들은 고스란히 견뎌야 한다.

산뜰은 현관문을 닫으면 핵가족이지만, 현관문을 열면 대가족이 된다. 그런 의미에서 산뜰은 싸울 때 싸워야 하는 부모들에게도, 피할 때 피해야 하는 아이들에게 좋은 곳이다.

갈등을 해결하는 마법의 주문

"입주자 간 갈등이 생기면 어떡하죠?"

아이를 산집에서 키우며, 나도 배웠던 것 중 하나가 '미안해-괜찮아' 정신이다. 산집 아이들은 다툼이 생기면 일단 당사자들이 마주 본다. 잘못한 아이는 상대 아이에게 "미안해"라고 말한다. 요즘 세상에는 미안한 일을 저질러 놓고도 미안해하지 않는 사람이 많다. 백번 양보해서 자기가 왜 그런 일을 저질렀는지 변명하는 사람은 그나마 양심 있는 경우고, 대개 모르는 척한다. 쑥스럽고 민망해서, 상대에게 미안하다는 말을 못 하는 경우도 많다.

산집에서는 아이들이 잘못하면, 웃음으로 때우거나, 변명하거나, 모르는 척하지 않고, "미안해"라고 말하게 가르친다. 듣는 아이가 마음이 풀린 경우 "괜찮아"라고 말하고, 마음이 풀리지 않는 경우는 "난 괜찮지 않아"라고 말한다. 그러면 상대 아이가 "내가 어떻게 해 주면 마음이 풀리겠니?"라고 묻는다. 그리고는 상대방 마음이 풀릴 때까지 최선을 다한다.

'미안해-괜찮아' 정신이 있으면, 자기가 잘못을 한 경우, 모른 척 넘어가지 않게 된다. 잘못을 해 놓고서 권위로 상대방을 찍어 누르는 일도 사라진다. 피해를 입은 경우, 속으로만 끙끙대며 혼자서 화를 삭이는 일도 사라진다. 산뜰에 살면서 갈등 상황을 겪었던 적은 많지 않지만, 한 가지를 꼽자면 내 잘못 때문에 이런 일이 생긴 적이 있다.

어느 날, 나는 공부 모임에서 세미나 준비를 맡게 되었다. 세미나 내용상 아이들의 말을 녹음해야 하는 상황이었고, 우리 아이와 어휘력이 풍부한 다른 집 아이가 함께하면 좋겠다는 생각이 들었다. 그 집에 인터폰을 해서, 그 아이가 내려왔다. 잠시 후, 인터폰으로 아이를 올려 보내 달라는 연락이 왔다. 나는 하던 일을 마저 다한 뒤, 아이를 올려 보냈다. 알고 보니 내가 인터폰을 했을 때가 그 집 저녁 식사 시간이었다. 시간이 저녁 8시 30분경이어서 나는 막연히 식사 시간이 아닌 줄 알았다. 아이 엄마는 식사가 식어 가는데, 잠깐 갔다 올 줄 안 아이가 안 오니까 화가 났다고 했다.

다음 날, 그 엄마와 마주쳤는데, 나에게 "이러이러해서 어제 기분이 안 좋았다"고 자초지종을 얘기했다. 변명의 여지없이 내 잘못이었다. 내가 바쁘다는 이유로 상대방의 사정을 고려하지 않았던 것이다. 나는 진심을 다해 사과했다.

"너무 내 생각만 했어. 미안해. 다음부터는 조심할게."

그 엄마도 "나도 화내서 미안해"라고 말하고, 서로 화해했다. 이 일을 겪으며 여러 가지 깨달음을 얻었다.

'아무리 친한 사이라도 어느 정도의 거리를 지킬 것', '아무리 바빠도 내 입장만 생각하지 않을 것'.

입주 전, 엠티에 가서 입주자들 중 한 명이 한 말이 떠올랐다.

"부부들도 가끔 싸우지만, 속으로는 믿고 의지하잖아요. 전 여러분하고도 그렇게 지내면 좋겠어요. 우리는 잠깐씩 틀어질 수 있지만 회복할 수 있는 사이란 걸 믿으면서요."

공동체 주택에 살면서 갈등 없이 사는 건 있을 수 없다고 생각한다. 무조건 갈등을 피하기보다는, 갈등 상황에 부딪혔을 때 해결해 나가는 능력을 익히면 될 것 같다. '미안해-괜찮아'라는 마법의 주문을 떠올리면서 말이다.

홀로 고독 씹기

"공동체 주택에 살면서, 혼자 있고 싶을 때는 어떡하나요?"

사람들이 오해하는 것 중 하나가, 공동체 주택에 살면 입주자들이 오세아니아 어느 섬마을 원주민들처럼 달만 뜨면 모여서 노는 줄 안다. 산뜰에는 '건수'만 생기면 어울려 놀려고 하는 사람들만 모인 게 아니다. 산뜰 입주자 중 몇 명은 이렇게 말하는 사람도 있다.

"저는 절대 공동체적인 사람이 아닙니다. 저는 철저한 개인주의자입니다."

나는 기본적으로는 사람들하고 어울리는 것을 좋아한다. 하지만 산뜰 입주 후 책 읽고 글 쓰는 일을 업으로 하다 보니 혼자만의 시간이 필요할 때가 많았다. 그럴 때는 내가 나갈 수 있는 모임만 나갔다. 원고 마감이 한창일 때는 밤과 낮이 뒤바뀌기도 해서, 옥상에서 맥주 파티가 있거나, 무지개방에서 치맥 파티가 있어도 못 나간 적이 많았다. 입주자들 사이에서 한동안 '앵무새 잠적설'이 퍼지기도 했다. 하지만 내가 안 간다고 누구도 뭐라고 하지 않는다.

누렁소는 산뜰에서 누구보다 혼자만의 시간이 필요한 사람처럼 보였다. 누렁소는 머리가 무거워지면 훌쩍 어디론가 혼자서 떠난다. 나는 누렁소에게 물었다.

"산뜰에는 모임이 많잖아요. 혼자만의 시간이 필요하면 어떻게 하시나요?"

누렁소가 별로 대수롭지 않다는 듯 말했다.

"제가 즐길 수 있을 만큼만 있는 거죠."

나는 고개를 끄덕였다. 시간과 체력이 될 때는 함께 어울리고, 내키지 않으면 혼자 있으면 된다.

엄격한 규칙 vs. 솔선수범과 자발적 책임감

"공동체 주택에 함께 살려면 규칙을 정해야 하지 않나요?"

산뜰 짓기 전, 최초 예비 입주자 한 명도 진지하게 고민했다.

"공동체 주택 규칙을 정해야 하지 않을까요? 그래야 살면서 분란이 안 생길 것 같아요."

결국 그 예비 입주자는 고민 끝에, 공동체 주택에 합류하지 않았다.

그 가구가 나가고, 다음 순번인 가구가 들어왔다. 그 가구가 공동체 주택에 합류하지 않은 데는 여러 이유가 있겠지만, 그는 살기 전부터 규칙에 얽매이느라, 아예 함께 살 엄두를 내지 못한 듯 보였다. 공동체 주택을 짓고 싶다고 산뜰에 찾아온 예비 입주자들 중에도 이렇게 규칙에 집착하는 경우가 많았다.

산뜰 식구들은 입주 전, 1박 2일 엠티에 가서 '해야 할 일 목록(To do list)'와 '하지 말아야 할 일 목록(Not to do list)'을 만든 바 있다.

살면서 보니 이때 정한 사항들 중 지켜지는 게 거의 없다. 생일 파티는 손도끼가 첫 입주자 회의에서 번거롭다고 빼자고 주장해서 빼 버렸다. 1년에 한 번 여행 가자던 것은 '집이 최고', '집 떠나면 고생'이라는 일부 입주자들의 의견 때문에 두 번째 해부터는 가지 않았다. 처음에는 아이들에게 간식도 가려서 주자고 했으나, 아이들과 축구하고 오는 길에 동네 슈퍼에서 쭈쭈바 사 먹이는 아빠에게 '왜 규칙대로 하지 않느냐? 왜 애들에게 슈퍼 쭈쭈바 막 사 주느냐? 우리 애는 유기농만 먹는다'고 따지는 정신 나간 부모는 아무도 없다. 한마디로 그때 정한 규칙은 글자에 불과했다.

물론, 전혀 모르는 사람들이 함께 살면 꼭 필요한 규칙이 있을 것이다. 입주 6개월 후, 함께 살면서 느낀 점을 나누는 자리에서 누군가 "신발 정리를 잘 하자"는 말을 했다. 이후로 산뜰 사람들은 신발 정리에 신경을 쓴다. 누군가 공동 생활을 하며 불편함을 느낀다면 이렇게 공론화하여 규칙으로 만들 필요가 반드시 있을 것이다.

산뜰이 다른 공동체 주택과 다른 점은 크게 두 가지다. 첫째, 산뜰에는 공동체 유지 자치 규약이 없다는 점이다. 다른 공동체 주택에는 세세한 자치 규약이 있어, 입주자들이 그것을 지키는 것을 힘들어한 다고 한다. 두 번째는 산뜰이 협동조합이 아니라는 점이다. 법적인 테 두리를 만들어 놓고 집을 짓지 않았다. 그래도 입주자들은 이 집에서 오래 살 생각을 하며, 큰 갈등 없이 살고 있다.

입주 초기, '무지개방 청소 당번제' 문제를 입주자 회의 안건으로 올린 적이 있다. 확실하게 당번을 정해서 무지개방 청소를 하자는 생 각에서였다. 열 번 중 여덟 번은 손도끼가 청소하니 손도끼에게 미안 한 마음도 있었다. 혹시 손도끼도 청소하면서, '괜히 산뜰에 왔어' 하 고 우리를 욕할 수도 있겠다는 생각이 들었다. 하지만 손도끼가 무지 개방 청소 당번제를 단호하게 거부했다.

"무슨 큰일도 아닌데요. 그냥 할 수 있는 사람이 하죠. 다들 생업이 있고, 산집 청소도 해야 하는데 이것까지 당번으로 돌리면 부담스러 워서 안 됩니다. 정 힘들면 그때 제가 먼저 말할게요."

나는 나중에 손도끼에게 진지하게 물어보았다.

"손도끼, 진짜 무지개방 청소하는 거 억울하거나, 다른 가족들이 괘씸하거나 그러지 않아요?"

요즘이 어떤 시대인가. 자기가 일한 만큼 대우를 받지 못하거나, 학 교나 회사 같은 팀에서 무임승차한 친구가 좋은 점수를 받으면 열폭 하는 시대가 아닌가.

산집 내에서도 아래와 같이 말하며 열 받아 하는 부모들을 종종 보 았다.

"나도 이 정도 했으니, 너도 이 정도 해라."

"나는 이 정도 했는데, 왜 저 사람은 자기 의무를 다하지 않는가?"

손도끼는 고개를 저었다.

"공동체 내에서는 자기가 할 수 있는 걸 묵묵히 하는 거죠. 드래곤은 건물 하자 보수 사항 생길 때마다 업체 연락해서 일을 다 처리해 주잖아요. 얼마 전 누렁소가 하수구에 모기 올라오지 말라고 방충망 씌우는 걸 봤어요. 그거 아무도 모르지만, 자기가 할 수 있는 거니까 하잖아요. 파랑은 무지개방에 술 떨어지면 항상 술을 채워 놓아요. 얼룩말도 바비큐할 때마다 꼼꼼하게 장을 잘 봐 오잖아요. 로이도 공용 시설 부품 고장 나 있으면 알아서 부품 사서 수리해 놓아요. 누가 시켜서 하는 일이 아니고, 다 자기가 할 수 있는 만큼 하는 거죠."

사람이 받은 게 있으면 뱉어 내야 할 때도 있는 법. 이웃이 솔선수범하는 모습을 보며, 산뜰 가족들은 공동체를 위해 자기가 할 수 있는 일을 조용히 한다.

다들 양심을 이기지 못하고, 누군가는 조용히 신발장 정리를 하고, 누군가는 지하 놀이방 책 정리를 한다. 바비큐하고 난 다음 날 아침, 일찍 일어나 마당을 치우기도 한다. 창고를 치우고, 지하 화장실 청소를 하기도 한다.

산뜰에 살다 보니, '규칙'보다 '공동체 의식'이 우선이라는 사실을 느낄 때가 종종 있다. 꼭 엄격한 규칙으로 만들어진 '동등한 평등'을 부르짖는 곳보다, '내가 할 수 있는 일을 묵묵히' 하는 공동체가 훨씬 인간적이고 따스한 곳이라는 생각이 든다. 나 또한 이 공동체에서 할 수 있는 일을 찾아 두리번거린다.

공동체 주택마다 입주자들의 성향과 상황이 다를 것이다. 자세한 자치 규약이 있다면, 책임감을 느끼고 그 규약을 지키며 지내는 것도 좋다. 우리처럼 별다른 자치 규약이 없더라도, 솔선수범과 자발적 책임감으로 공동체 주택을 함께 가꾸며 살아도 좋다. 공동체 주택에 사는 이유가 '행복하게 이웃들과 살고 싶은 삶'이라는 것만 잊지 않는다면.

Part 4

개인이 할 수 없는 일을 **집**이 해 주다!

동상이몽, 산뜰 이야기

"

앞집 딸에게 받은

생일 축하 편지,

공동체 주택이 내게 딸도 선물했다.

"

1. 엄마 Say : "쉼을 얻었어요"

산뜰에는 우렁 각시들이 산다

나는 예능 프로그램 중 육아 관련 프로그램을 보지 않는다. 그런 프로그램을 보다 보면, 폭풍 육아 시절이 생각나서 힘들기 때문이다. 연예인들이야 텔레비전에 잠깐 나와 아이들 예쁜 모습, 노는 모습을 보여 주지만, 아이를 키워 본 엄마들은 육아의 장르가 '예능'만은 아니라는 데 동의할 것이다. 육아 장르는 시시각각 바뀐다. 아이 업고 서서 식탁에서 찬물에 밥 말아 먹을 때는 리얼 생존 버라이어티, 간신히 재우고 나서 애가 잘 자나 뒤돌아봤는데 아이랑 눈이 딱 마주칠 때는 공포 호러, 애가 아파서 밤새 간호하고 나도 실신할 때는 눈물 없이 볼 수 없는 다큐멘터리 장르가 된다.

얼마 전 SBS에서 SNS에 올라온 육아 관련 글 84억 개를 분석한 결과, '육아'했을 때 떠올린 단어 중 1위가 '힘들다', 2위가 '독박 육아'였다고 한다. '스트레스와 고민'이 바로 뒤를 따랐다.

산뜰 입주 전, 엄마들의 삶도 그리 다르지 않았다. 엄마들끼리 모이면 항상 주제는 '과부하 걸린 엄마들'로 흘러갔다. 네 살배기 아들과 돌쟁이 둘째를 키우던 또치가 허겁지겁 커피를 원샷했다.

"아이들이 엄마 찾으며 울고 있대요. 저 먼저 갈게요."

이 말을 하고 또치가 사라졌다. 제일 과부하 걸린 엄마로 보였다. 남은 다섯 명은 모두 맞벌이하는 엄마들이었다. 초록이 한숨을 쉬었다.

"이번 주부터 남편이 주말에도 출근해요. 나 혼자 독박 육아해야 해요."

참새가 조용히 입을 열었다.

"전 활동적인 아들만 둘 키워요. 직장 다니면서, 두 곳에서 조합원 생활하는 것도 만만치 않네요."

다들 안쓰럽다는 듯, 고개를 끄덕였다. 올망졸망 연년생 남매를 키우는 미키도 한탄했다.

"난 우리 작은 애 어린이집 데려다주고, 큰 애 학교까지 데려다주고 출근하면 늘 출근 시간이 간당간당해요. 직장에서 화장실 갈 시간도 없이 일하고 나면 또 애 둘 데리러 가야 해요. 새벽에 일어나 아침밥 해 먹이는 건 괜찮은데, 저녁까지 해 먹이고 나면 녹초가 돼요. 저녁 먹고는 첫째 공부도 봐줘야 하니까 하루가 어떻게 가는지 모르겠어요."

살구도 조용히 한마디 했다.

"전 왜 맨날 애한테 화를 낼까요?"

엄마들은 애 보랴, 일하랴, 살림하랴, 자기 돌볼 시간도 없이 하루하루 살아가고 있었다.

나도 그랬다. 그 시기 일과 육아를 병행하며 이런 의문이 들었다.

'도대체 일하는 엄마들은 언제, 어떻게 스트레스를 풀 수 있을까?'

나와 남편은 맞벌이를 하지만, 아이의 등하원을 비롯한 육아는 대부분 내가 책임졌다. 나는 동료들과 수다 떠는 시간도 아껴 정신없이 일 처리를 하고 아이 데리러 가기 바빴다. 반면 남편은 자기가 해야 할 일을 다 하고 퇴근했다. 회식할 때도 당일에 나에게 '통보'만 했다. 나는 부서 회식이 생기면 한 달 전부터 남편에게 일찍 오라는 다짐을 받았다. 참다 못해 어느 날은 새벽 3시까지 남편에게 조곤조곤 나의 '과부하 걸린 삶'을 이야기했다. 이후 남편의 태도가 조금 바뀌긴 했어도, 육아의 1차 책임은 엄마인 나에게 있었다.

아이를 낳은 후, 나는 몇 년간 방광염을 달고 살았다. 한의원에 가서 침도 맞고 대학 병원에 가서 치료도 받아 보았지만 쉬 없어지지 않았다. 나중에 알았다. 그 병은 쉬어야 낫는 병인 것을. 발을 동동 구르며 아이 아침을 먹여 7시 반까지 어린이집에 보내고, 직장에서 열심히 일하고, 퇴근길에 아이를 데려와 저녁 먹고 씻기고 재웠다. '아이 재우고 책이라도 보고 자야지' 하다가 같이 자 버리기 일쑤였다. 내 시간이라곤 출퇴근길에 멍하니 라디오 듣는 시간이 전부였다. 산집에 와서는 방모임, 총회, 행사 등을 쫓아다니다 보니 더 힘에 부쳤다.

산뜰에 온 후, 이런 나와 그녀들의 '과부하'는 조금 해결되었을까?

예전에 초록이 "남편이 주말에 출근해서 독박 육아해야 한다"고 한숨 쉬던 게 생각났다. 초록에게 물었다.

"초록, 산뜰에 와서 육아가 조금 수월해졌나요? 그때 드래곤이 주말에 출근한다고 엄청 심란해했잖아요."

초록이 고개를 끄덕였다.

"그럼. 예전에 아파트 살 때는 나 혼자 10시간 육아하던 걸 지금은 5시간만 하는 느낌이야."

"예전보다 남는 시간에는 뭐해요?"

초록이 빙그레 웃었다.

"쉬지. 미드(미국 드라마) 봐. 참, 그리고 요즘은 요리를 많이 해. 예전에는 외식을 많이 했어. 반찬도 사 먹었고. 산뜰에 와서 가장 크게 변한 점이 외식을 하지 않고, 요리를 하게 된 점이야."

"왜 갑자기 요리를 하게 되었어요?"

"시간이 생겨서 그런 것 같아. 산뜰에 오니 우리 아이 육아를 혼자서만, 혹은 우리 부부만 하지 않아서 가능한 일 같아."

초록은 그 여유 시간에 요리를 하게 되었다고 했다.

최근에 네덜란드에서 2년간 살다 온 동네 엄마 고래가 이런 이야기를 한 적 있다.

"네덜란드 사람들은 다 집에서 요리 해 먹어. 근무 시간이 정확히 정해져 있어서, 여가 시간이 충분해. 사람들이 다 장바구니 들고 가서 장을 보고, 정성껏 요리를 만들어 먹어. 요리할 여유를 사회에서 보장해 주는 거지. 그 나라 사람들은 일회용품도 거의 쓰지 않아."

음식을 만들어 먹는 문제와 쓰레기 줄이는 문제가 노동 시간 같은 사회 시스템과 관련이 있다는 말은 큰 충격이었다. 우리나라에서 편의점 음식이 잘 팔리고, 사람들이 일회용품을 거리낌 없이 쓰는 것은 그만큼 사는 데 여유 시간이 없다는 뜻 아닐까?

우리나라에서 안 바쁜 사람이 없겠지만, 맞벌이하는 엄마들은 정말 바쁘다. 아이들 돌보랴, 씻기랴, 숙제 봐주랴, 요리하고 치우랴, 좀처럼 시간이 없다.

내게는 초록이 요리를 한다는 말이 이렇게 들렸다. 산뜰 생활이 맞벌이 엄마인 초록에게 조금이라도 여유를 주었다는 말로.

살구는 이런 말을 했다.

"저는 여기 살면서 우렁 각시들을 많이 만났어요."

살구는 관절염 때문에 몸 컨디션이 좋지 않을 때는 많이 쉬어야 한다. 어느 토요일 늦은 아침, 살구네 초인종이 울렸다. 침대에서 일어나야 하는데, 살구 몸이 말을 듣지 않았다. 초인종 소리를 듣고 옆에 있던 다인이가 쪼르르 나갔다. 문 앞에는 미키가 냄비를 들고 있었다. 미키가 다인이에게 속삭였다.

"다인아, 엄마 지금 자지? 이거 오리탕 끓인 건데, 이따 엄마 일어나면 먹으라고 해. 쉿!"

미키가 살금살금 거실로 들어와 식탁 위에 오리탕 냄비를 놔두었다.

"엄마 쉬어야 하니까, 다인이는 우리 집에 가서 놀자."

그러고는 하루 종일 다인이를 데리고 있어 주었다.

또 산뜰에 온 후, 부모들은 급한 볼일이 있을 때 예전처럼 아이를 꼭 데리고 다니지 않아도 된다. 이웃들이 아이를 봐주기 때문이다.

이 글을 쓰는 지금, 여름 방학을 맞아 서윤이와 현서가 종일 우리 집에서 놀고 있다. 우리 아들도 놀 친구들이 있어 신나 한다. 서윤, 현서가 우리 집에서 노는 동안 미키는 어쩌면 밀린 집안일을 마치고, 여유롭게 창가에서 커피 한잔을 하고 있을지 모른다.

함께 살며, 엄마들은 확실히 쉼을 얻었다.

엄마들의 외출

"와, 또치, 원래 이렇게 예뻤어?"

입주 첫해 겨울 어느 토요일, 엄마들끼리만 외출하기로 했다. 강남의 한 공연장에서 뮤지컬을 보고, 함께 식사를 하기로 한 것이다. 아빠들에게 애들을 맡기고 온전히 엄마들만 함께 시간을 보내기로 했다. 그날, 또치가 변신한 모습으로 엄마들 앞에 나타났다.

다른 엄마들은 모두 여섯 살 이상의 아이들을 키우고 있어, 상대적으로 어느 정도 여유를 얻은 상태였다. 하지만 또치는 다섯 살, 세 살 한창 손이 많이 가는 어린 남매를 키우고 있어 늘 분주했다. 무지개방에서 함께 밥을 먹을 때도 밥 안 먹는 딸과 늘 실랑이를 하느라, 본인은 제대로 먹지 못했다. 괜찮냐고 물으면, 또치는 가끔 밥 대신 맥주로 끼니를 때울 때도 있다며 웃었다. 머리를 하나로 질끈 묶고 늘 넉넉한 티셔츠에 편안한 운동복 바지를 입고 다녔다. 그런 또치가 곱게 화장을 하고 원피스에 복숭아 색 드레스 형 코트를 입고 나타나니, 다른 엄마들이 놀라 눈을 끔뻑거리는 건 당연했다. 그야말로 '폭풍 육아' 속 잠깐의 '태풍의 눈' 같은 외출 시간에 변신을 감행한 것이다.

내가 또치에게 애 둘 보는 거 힘들지 않냐고 하면, 또치는 항상 씩 씩하게 이렇게 말했다.

"내 새끼들 내가 보는 거 당연한 거지. 하나도 안 힘들어."

이렇게 낙천적인 엄마지만, 마음속으로는 늘 자신만의 시간을 꿈꿨을 것이다.

엄마들끼리의 외출은 달콤했다. 엄마들은 전철을 타고 한 공연장에 갔다. 〈오! 캐롤〉이라는 뮤지컬을 보았는데, 사실 무슨 뮤지컬을 보든 상관없었다. 배우들이 인형 탈을 뒤집어쓰고 나오는 어린이 뮤지컬만 아니면 다 좋았다. 원래 알던 친구들이 아닌, 산뜰에 함께 사는 엄마들과 같이 나온 것 자체도 신났다. 공연 말미에, 관객들이 일어나 춤을 추는데, 흥 많은 미키가 흔들흔들 춤을 추었다. 공연장 밖으로 나오니 함박눈이 펑펑 내렸다. 아이를 낳고 나서는 늘 아이와 24시간을 보내던 엄마들은 홀가분하게 눈을 맞으며 거리를 쏘다녔다. 소녀들처럼 작은 농담에 까르르 웃기도 했다.

곧 레스토랑에 가서 오붓하게 식사를 했다. 역시 메뉴는 중요하지 않았다. 남이 해 주는 음식은 다 맛있는 법이다. '오늘은 뭐 해 먹지?' 고민하며, 아이들 접시에 반찬 날라 주던 엄마들이 느긋하게 음식을 먹으며 사는 이야기, 아이들에 대한 고민, 꿈, 요즘 관심사 등 많은 이야기를 나누었다.

식사를 마치고, 집에 그냥 들어가기가 아쉬웠다. 엄마들은 집 근처 전철역에서 내려 당시 한창 인기를 끌던 영화 〈너의 이름은〉을 보기로 했다. 또치는 최근 몇 년 동안 극장에서 본 영화는 〈뽀로로〉가 전부라며 영화를 꼭 보고 싶다고 했다. 심야 영화를 보고 나오니 새벽 3시. 마침 집 근처 정류장까지 가는 버스가 운행 중이었다. 우리는 집 앞 버스 정류장에서 내렸다. 버스 정류장에서 집까지 오는 길은 혼자서는 밤중에 걷기 무서운 길이었다. 하지만 여섯 아줌마가 함께 오니 즐겁기만 했다.

갓 쌓인 눈을 밟고 집까지 걸어왔다. 조심스레 대문을 열고, 계단에서 서로 손을 흔들었다.

"내일 봐."

꼭 기숙사에 사는 여고생들이 땡땡이치다가 기숙사 방으로 들어가는 느낌이었다. 다들 키득키득 웃으며 집으로 들어갔다. 함께 놀러 나갔다가 같은 집으로 들어오는 경험, 아마 대한민국에서 이런 경험을 해 본 사람은 거의 없을 것이다.

이후 엄마들은 종종 엄마들만의 시간을 가졌다. 벚꽃이 아름답게 핀 봄날은, 다 같이 동네 벚꽃 명소 커피숍에서 별 말 없이 앉아 해바라기를 했다.

"브런치 하러 가자."

밥하기 싫은 어느 토요일, 오전에 나갔다가 저녁까지 먹고 들어오기도 했다.

그럴 때 아이들 반응은?

울며불며 "엄마, 가지 마! 빨리 와!" 하며 엄마 바짓가랑이에 매달렸느냐? 아니다. 대부분 아이들은 "예스!"를 외치며 주먹을 불끈 쥐었다.

어린이들에게 엄마들이 일시에 빠진 산뜰은 축제의 장이 된다. 산뜰 분위기는 세계에서 가장 유명하다는 브라질 삼바 축제장보다 더 후끈 달아오른다. 곧 산뜰은 배달 음식, 과자, 아이스크림, 영화 상영이 무방비로 넘쳐 나는 아이들의 파라다이스가 된다. 아빠들은 무지개방에서 만나 치맥 파티를 벌이고, 아이들은 산뜰 전체에서 고삐 풀린 망아지들처럼 천방지축 뛰어논다.

서로 마사지해 주는 사이

"산뜰에 와서 제일 좋은 점은 엄마들이 함께 운동할 수 있는 거야."

또치가 한 말이다. 엄마들은 일주일에 한 번 선생님을 초빙해 지하에서 '몸살림'이라는 운동을 한다. 육아 때문에 운동하러 갈 짬을 낼 수 없는 엄마들에게 소중한 시간이다. 엄마들은 운동 선생님에게 발바닥부터 머리까지 마시지하는 법도 배웠다. 한 시간가량 운동을 하고 엄마들이 둘씩 짝을 지어 서로 마사지를 해 준다.

엄마들이 운동하는 수요일, 아이들은 또 한 번 축제의 시간을 보낸다. 1년 넘게 살다 보니, 산뜰에는 암묵적인 규칙이 생겼다. 평일에는 아이들끼리 노는 것은 자제하는 분위기다. 다들 산집에서 산에 올라가랴, 학교에서 공부하랴, 애들도 쉴 시간이 필요하기 때문이다. 하지만 수요일만큼은 엄마들이 운동하는 동안, 아이들이 지하부터 4층을 오가며 마음껏 논다. 수요일에는 함께 모여 자주 저녁 식사도 해서, 저녁 시간 내내 아이들이 서로 어울린다.

예전에 아이 돌 무렵, 나는 몸이 안 좋아져서 한의원을 간 적 있다.

그때 한의사 선생님이 이런 말을 했다.

"비행기 타다가 무슨 문제가 생기면, 엄마가 먼저 산소 호흡기를 달아야 해요. 아이 먼저 살리겠다고 아이한테 먼저 산소 호흡기 달아 주면 안 돼요. 항상 엄마 몸 먼저 챙겨요."

하지만 애를 키우다 보면 그렇게 하기 쉽지 않다. 살구도 아이를 낳아 기르면서 관절염약 끊고, 모유 수유를 하다가 몸 상태가 더 악화되었다고 했다.

그런 엄마들에게, 산뜰이라는 공간은 어쩌면 작은 산소 호흡기 같은 곳이 아닐까. 엄마들이 행복해지니, 가족들이 행복해지는 건 어쩌면 당연한 순서일 것이다.

남편 아닌 인생의 동반자

살면서 속상한 일이 있을 때, 누군가와 대화하며 풀 때가 많다. 배우자와 대화해서 풀리면 다행이지만, 때로는 그것으로는 성에 안 찰 때가 있다. 혹은 배우자가 속을 더 뒤집어 놓을 때도 있다. 예전 같으면 친구들에게 전화해서 속풀이를 하겠지만, 산뜰에서는 그럴 필요가 없다.

"차 한잔하자."

엄마들은 눈앞에 있는 엄마에게 이렇게 말하며, 자기의 일상을 바로 나눌 수 있다.

'잡담'은 일상을 윤택하게 한다. 실제로 북유럽 노인 요양원에서는 직원 업무 중에 입주자들에게 '잡담을 건네는 것'이 포함되어 있다고 한다. 이 이야기를 듣고, 나는 북유럽 국가들이 인간에 대해 깊은 이해를 하고 있다고 느꼈다. 인간은 기본적인 의식주만 해결하면 살 수 있는 존재가 아니라, 정서적인 면까지 충족했을 때 잘 살 수 있는 존재이기 때문이다. 일본 요양원에서는 인공 지능 로봇이 입주자들의 이름을 기억해서 잡담을 나눈다고 한다. 인간은 로봇하고라도 소통을 해야 살 수 있는 존재라는 의미가 아닐까 싶다. 그만큼 정서적 교감이 중요하다.

참새가 이런 말을 한 적 있다.

"산뜰 가족들은 가족이 아니어서 더 편한 사이야."

가족이면 감정적으로 얽힌 점이 많은데, 산뜰 사람들은 가족이 아니어서 오히려 속 편하게 이야기를 나눌 수 있다고 했다. 미키는 이렇게 말했다.

"산뜰에 와서, 남편이 아닌 또 다른 인생의 동반자들을 만난 느낌이야."

또치는 '산뜰 엄마들은 내 편'이라는 생각이 든다고 했다.

산뜰에는 유난히 남의 이야기를 묵묵히 잘 들어주는 사람들이 많아서, 자기 이야기를 풀어놓기만 해도 마음이 한결 가벼워지는 경우가 있다. 누군가 힘든 일이 있을 때, 밤을 하얗게 불태우며 새벽까지 서로 마음을 도닥여 준 적도 있다.

아프거나 슬플 때 따뜻한 말 한 마디로 위로가 되는 이웃, 아이를 키우며 부석부석한 모습을 보여도 흉보지 않을 이웃, 사회생활을 하며 겪은 찌질한 일상을 공유해도 말 새 나갈까 걱정하지 않아도 되는 이웃, 누군가 원하는 바를 성취해 나갈 때 시샘하지 않고 마음껏 축하해 줄 수 있는 이웃. 내가 시시껄렁한 이야기를 해도 슬며시 미소 지어 주는 이웃.

그 옛날 여고 시절, 다이어리에 빽빽하게 써 놓았던 유안진 시인이 말한 '입은 옷을 갈아입지 않고 김치 냄새가 좀 나더라도 흉보지 않을' 지란지교를, 우리는 집에서 만난다.

육아 스트레스 대방출 이벤트

산뜰에서는 가끔 이런저런 핑계를 대며 이벤트를 한다. 엄마들은 이럴 때 흥겹게 놀며 스트레스를 푼다. 산뜰에 살며 '사는 게 즐겁고 흥에 겨워 잔치를 여는 게 아니라, 때로는 잔치를 열고 흥겹게 놀아야 팍팍한 삶이 즐거워진다'는 걸 알게 되었다.

입주 첫해 입주자 회의에서 크리스마스 파티를 열기로 결정했다. 총무 로이가 크리스마스 전구를 사서, 마당 주목을 크리스마스트리로

꾸몄다. 입주자 대표 드래곤이 이렇게 통보를 해 왔다.

'12월 24일 크리스마스 파티, 장소는 무지개방, 드레스 코드는 레드'

각 가정에서 요리를 한 가지씩 가져오기로 했다. 샐러드, 골뱅이 무침, 파스타, 고구마피자 등 풍성한 상이 차려졌다. 산뜰의 새로운 요리 꿈나무, 남편 얼룩말이 산뜰 가족들을 위해 온갖 정성을 다해 스테이크를 만들기도 했는데, 맛은 그냥 정성만 들어간 맛이었다.

산뜰 가족들은 빨간색 옷을 입고 만나, 한 해 동안 있던 일을 돌아보았다. 드래곤이 지난 1년 동안 산뜰 가족들이 지내 온 모습을 동영상으로 만들어 함께 보기도 했다. 어른들은 선물을 준비해 아이들에게 나누어 주었다. 아이들은 더없이 들뜨고 즐거운 성탄절을 보냈다.

그동안 산뜰 사람들은 '음주 수다'로 밤을 새운 적은 있어도, '음주 가무'를 한 적은 없었다. 그런데 크리스마스에는 축제 분위기 탓인지,

'음주 가무'를 시도했다. 사람들이 바람을 잡아, 파랑을 무반주로 노래시키는 데 성공했다. 드래곤도 기타를 들고 와 '작은 음악회'를 열었다. 하지만 사람들이 다 점잖아서 그런지 춤을 추는 사람은 없었다. '음주 가'까지만 즐겼다. 올해 크리스마스에는 나라도 안무 연습을 해서 '음주 가무'의 꿈을 이루어 보리라 생각해 본다.

2. 아빠 Say : "좋은 아빠가 되어 가네요"

육아 무심 아빠, 육아 달인을 꿈꾸다

'일과 가정의 양립'

지금 우리 사회 가장 큰 화두 중 하나이다. 은행원 로이와 초등 교사 미키는 맞벌이 부부로 연년생 남매를 키우는 부부다. 이 부부의 과제도 '일과 가정의 양립'이었다.

로이는 아이들이 어릴 때, 육아를 함께 하지 못해 늘 미키에게 미안한 마음이 컸다. 당시 로이 직장은 종로였고, 미키 직장은 인천이었다. 송도에 있는 처형네 도움을 받아 아이를 키웠기 때문에 집을 송도에 얻었다. 로이는 하루에 4~5시간 걸려 출퇴근했다. 로이는 다정다감한 성격을 가진 사람으로, 육아를 '엄마만의 몫'이라고 생각하지는 않았다. 하지만 출퇴근 시간도 길었고, 일이 많으면 야근도 해야 했다. 술을 즐겨 하지 않았지만, 사회생활을 잘하기 위해 회식 자리도 참석했다. 그러다 보니 육아를 할 여력이 되지 않았다. 시간도 없고,

체력도 받쳐 주지 않았다. 주말에는 피곤이 몰려와서, 인근 학교 운동장에서 유모차를 끌다가 꾸벅꾸벅 존 적도 있었다.

어느 날, 미키가 이렇게 말했다.

"어린이집 중에 유기농 음식을 먹이고, 아이들을 종일 뛰어놀게 해 주는 곳이 있대. 그 동네로 이사 가자."

로이는 산집 교육관이 마음에 들었다. 또, 육아를 적극적으로 함께 해 주지 못하기 때문에 교육 기관은 아내가 원하는 대로 정하라고 했다.

산집에 갔더니, 아내의 스트레스가 더 커졌다.

"다른 집 아빠들 하는 것 좀 봐! 새벽 다섯 시에 출근하면서도 밤에 애 기저귀는 아빠가 갈아 준다잖아!"

아내의 폭풍 비교가 시작되었다. 아내는 자상한 남편들을 보며 더욱 상대적 박탈감에 시달리는 듯 보였다. 산집에는 유난히 가정적인 아빠들이 많이 모여 있었다. 산집 아빠들은 서로를 보며 이렇게 이야기하곤 했다.

"산집 오면 나만 쓰레긴가 하는 생각이 들어. 말해 봐. 다들! 나만 쓰레기야?"

로이는 그때 처음으로 '성급한 일반화의 오류'를 뼈저리게 느꼈다. 회사에서 기혼인 남자 동료들을 보면, 자기보다 더 일찍 출근해서 더 늦게 퇴근하고, 주말에는 잠만 잔다고 했다. 다 그렇게 일에 치여 살고 있었다. 회사에서는 자기처럼 사는 사람이 대부분이어서 일반화할 수 있었는데, 산집에서는 자기 같은 사람이 소수였다. 산집에는 전국에 숨어 살던 자상한 아빠들이 다 모여 있는 것 같았다. 공동 육아를 하려면, 부모가 조합원이 되어 공동체 일에 적극 참여해야 한다. 그래서 공동 육아를 하러 온 아빠들은 육아에 적극적이고 자상한 사람일 확률이 높았다.

어느 날 로이는 한 대학 선배가 보낸 이메일을 받았다. 이메일에는 전 인도 대통령 압둘 칼람이라는 사람이 쓴 글이 담겨 있었다.

"일찍 퇴근해라. 네가 회사를 사랑할지 몰라도, 언제 회사는 너를 사랑하는 걸 중단할지 모른다."

이런 요지의 글이었다. 그는 이 글을 보고 '아, 일찍 퇴근하라는 얘기구나!'라고만 생각했지, 별다른 감흥이 없었다. 그러면서 서서히 산집 공동체 문화에 젖어 들었다. 산집 아빠들과 친구처럼 지냈다. 그러다 산뜰에 입주하게 되었다.

산뜰 입주 초기, 나는 로이에게 물었다.

"산뜰에 입주하니 어떠세요?"

로이는 아내를 힐끗 보며, 농담 반, 진담 반으로 웃으며 말했다.

"미키가 저를 다른 아빠들하고 비교하네요."

"뭘 그렇게 비교해요?"

"어떤 것을 비교하느냐가 아니고, 비교를 안 하는 게 뭔가를 생각하는 게 더 빠를 걸요?"

대체로 산뜰 아빠들은 가정적인 편이다. 손도끼는 칼퇴근을 하고 집안일을 한 후, 아이들을 데리고 운동하러 나가곤 한다. 로이 옆집에 사는 드래곤은 욕실에서 쭈그리고 앉아 딸내미 신발을 빨다가 로이와 눈을 마주치며, "로이, 일찍 퇴근해"라고 했다. 누렁소도 아이들 등하

원을 해 주고, 장바구니를 들고 다니며 장보기를 도맡아 했다. 얼룩말과 파랑도 육아와 집안일에 적극적이었다.

그때 우연히 선배가 예전에 보낸 메일을 다시 열어 보게 되었다. 로이는 처음으로 '가족과 보내는 시간'에 대해 생각해 보았다. 가족보다는 회사 중심으로 사는 것을 자기가 선택한 것은 아닐까 하는 생각이 들었다. 미키에 대한 미안함이 몰려왔다. 그동안 미키가 연년생 남매를 키우며 힘들었던 이야기를 한 번씩 꺼낼 때면, 자기도 어쩔 수 없었다고 생각했다.

하지만 생각이 조금씩 바뀌었다. 사회생활을 하다 보면 '어쩔 수 없는 상황'이라고 생각했던 것들이 사실은 당위적인 것이 아니라는 생각이 들었다. 아이들에게 좋은 아빠가 되기로, 가족들에게 더 시간을 내기로 마음먹었다.

이후 로이는 출근 시간을 조금 늦춰, 미키와 아이들이 함께 집을 나서는 모습을 보고 출근했다. 불필요한 모임이나 회식에 참여하지 않고 최대한 일찍 퇴근해서 집안일을 하려고 노력했다.

입주 1년이 조금 넘은 시점, 로이가 요리도 시작했다. 생전 처음 아내 생일에 미역국도 끓여 보고, 아이들에게 볶음밥도 만들어 주었다. 서툰 솜씨지만, 아내와 아이들이 행복해하는 모습을 보며 뿌듯해했다.

어느 날, 그는 아빠들에게 이렇게 말하기도 했다.

"저 이제 육아의 달인이 되어 보렵니다."

그해 봄부터는 저녁에 산뜰에서 로이를 자주 마주쳤다. 예전 퇴근 시간에 비하면, 상당히 이른 시간이었다. 나는 로이에게 물었다.

몸을 던져 놀아 주는 아빠

"로이, 왜 이렇게 요즘 일찍 들어오세요? 요리도 하고, 애들한테도
잘해 주신다면서요? 비결이 뭔가요?"

로이가 웃으며 말했다.

"어느 드라마에서처럼 주인공이 얼굴에 점 하나 찍고 '난 이제부터
다른 사람으로 살 거야' 하고 결심한 게 아니고요. 산뜰에 살면서, 어
느 순간 부인과 육아를 함께 해야겠다는 생각이 들었어요. 말 그대로

'부지불식간'에 든 생각이죠."

로이가 산뜰에 처음 왔을 때, 그는 가족들의 삶에서 자기 자리가 작다는 것을 느꼈다. 그랬기에 조금씩 노력했다. 로이는 종종 산뜰 아이들을 모두 데리고 옆 학교 운동장으로 가서 '육아 축구'를 하고 온다. 지하에서는 아이들과 온갖 피구 놀이를 개발해서 논다. 산뜰 아이들은 산뜰 부모들 중 로이와 노는 것을 가장 즐거워한다.

나는 얼마 전, 미키에게 살짝 물었다.

"로이 요즘 완전 잘하던데, 아직도 로이 다른 사람들하고 비교 해?"

"아니. 지금 우리 애들이 아빠를 얼마나 좋아하는데!"

미키가 미소 지으며, 로이에게 맛있는 요리를 해 주겠다며 싱크대로 갔다. 이제 누가 그를 육아에 무심했던 아빠로 보겠는가. 그는 그의 가정 내에서도, 산뜰에서도 '미친 존재감'이 되어 가고 있다.

더 이상 아이를 체벌하지 않게 되다

육아의 작은 부분이 바뀐 아빠도 있다. 파랑은 산뜰에 와서 가장 변한 것 중 하나로 이것을 꼽았다.

'아이에게 더 이상 손찌검을 하지 않게 되었다.'

평상시 파랑은 항상 부처님 미소를 짓고, 그 누구보다 다른 사람들의 이야기를 잘 들어주는 차분한 사람이다. 파랑이 아이에게 손찌검을 하다니? 믿기지 않았다.

파랑은 어릴 때, 교사 아버지에게 구둣주걱으로 맞으며 컸다. 남동생과 둘이서 하도 싸워서 아버지가 두 형제를 구둣주걱으로 다스렸다고 했다. 그 영향이 남아 있어서일까?

"제가 애를 막 폭행하고 그랬다는 게 아니고요. 다인이가 엄마 아픈 거 알면서도 떼를 쓰거나, 엄마 자고 있는데 밟고 가거나 그러면 저도 모르게 아이 허벅지나 엉덩이를 한 대씩 찰싹 때리곤 했어요. '하지 마!' 이러면서요. 그럼 다인이가 자지러지게 울죠. 아무리 한 대씩이었지만 체벌한 셈이지요."

그는 은연중에 그 정도 체벌은 괜찮다고 생각했다. 하지만 산뜰에 온 이후부터는 더 이상 딸을 조금이라도 체벌하지 않게 되었다.

"다인이가 우리 집에 있을 때는 내 방식대로 훈육했죠. 그러니 제가 바뀔 일이 없었어요. 산뜰에 와서는 여러 부모들이 아이들을 함께 키우잖아요. 제가 다른 아들딸들에게 대하는 방식으로 다인이에게 대했어요. 그랬더니 자연스레 때리지 않게 되었어요. '다인이 체벌하지 말아야지' 한 적은 없었어요."

다른 아이 대하듯, 내 아이를 대했더니 육아 방식이 바뀌었다는 이야기다. 파랑도 역시나 자기도 모르는 사이에 육아 태도가 바뀌었다고 말했다.

숨쉬기 운동만 하던 아빠들, 운동하다

남편 얼룩말의 가장 큰 변화는 몸을 더 많이 움직이게 되었다는 점이다. 결혼 후, 10여 년간 나는 남편이 운동하려고 일부러 시간 내는 것을 거의 보지 못했다. 헬스 트레이너 출신 산집 아빠 슈퍼맨이 남편에게 운동을 딱 한 번 가르쳐 준 적 있는데, 남편이 그날 이후 그렇게 좋아하던 슈퍼맨을 피하는 것을 보기도 했다.

산뜰에 온 후, 어느 토요일 아침, 남편이 나갈 채비를 했다.

"무슨 일이야?"

"오늘부터 산뜰 아빠들이랑 나가서 운동하기로 했어."

어차피 주말 아침 나무토막처럼 잠만 잘 바에야, 나가서 운동하고 오는 편이 훨씬 더 좋았다.

함께 운동하자는 아이디어는 어느 날 로이가 아빠들끼리 무지개방에서 술을 마시며 제안했다고 한다.

"우리도 지속가능성을 추구합시다."

로이는 말을 좀 어렵게 하는 편이다. 얼룩말이 물었다.

"지속가능성이 뭔가요?"

"아빠들이 건강해야 계속 행복하게 살 수 있잖아요. 그게 지속가능성이죠. 그러니까 우리도 운동합시다. 엄마들도 몸살림 하잖아요."

손도끼가 배드민턴을 추천해서, 아빠들이 토요일 아침마다 체육관에서 배드민턴을 치고 돌아온다. 남편은 운동을 하고 나니, 잠만 주야장천 잘 때보다 컨디션이 좋다고 했다. 집에 돌아와서도 그 여세를 몰아 집안일을 했다. 참으로 바람직한 변화가 아닐 수 없다.

또 남편이 주말에 늦잠 자는 시간이 조금씩 줄어들었다. 산뜰 아빠 여섯 명 중 나이가 제일 맏형인 손도끼(49세)는 '새 나라 어린이'형 인간이다. 일찍 자고 일찍 일어난다. 손도끼는 새벽이면 일어나 마당을 어슬렁거리며 풀을 뽑고, 잔디를 깎는다. 나는 그런 손도끼를 보고 놀라서 "손도끼는 전생에 마당쇠였나 봐요?" 하고 놀린다. 안 그래도 부지런한 둘째 형 드래곤(47세)이 이 광경을 보면 '아니, 형님은 잠도 없나? 왜 이 아침부터 일하시지? 부담스럽게' 이렇게 투덜대며 마당에 합류한다. 아침에 마당 풍경을 보던 셋째 형 누렁소(45세)도 말없이 내려간다. 애들 밥을 해 주던 부지런한 넷째 형 로이(43세)도 마당에 나와 "무슨 일 있나요?" 하며 기웃거린다. 그러니 1층에서 나무늘보처럼 각자 집에서 자고 있던 막내들 파랑(40세)과 얼룩말(38세)은 일어나서 머리를 긁적이며 중얼거린다.

"앗, 형님들! 언제 다 마당 잔디 깎아 놓으셨어요? 다음에는 저희가 할게요."

알게 모르게, 아빠들이 더 부지런해졌다.

아이들에게 추억을 선물하다

'나의 살던 고향은 꽃피는 산골~복숭아꽃, 살구꽃, 아기 진달래.'

송내동 오기 전, 나는 이원수 선생님이 작사한 '고향의 봄' 노래를 들어도 별다른 감흥이 없었다. 나는 지방 소도시에서 나고 자랐지만, 어려서 자연을 딱히 접하지 못하고 살아서 그런지 그 노래에 나오는 풍경에 공감이 되지 않았다. 하지만 송내동에 살면서 그 노래가 가슴에 와 닿기 시작했다. 산뜰에서 3분쯤 걸으면 성주산 둘레길 입구가 나온다. 부천은 원래 복숭아꽃 피는 '복사골'로 유명한데, 봄에 성주산을 오르다 보면 흐드러지게 핀 복숭아꽃을 볼 수 있다. 진달래, 살구꽃, 수수꽃다리, 산수유꽃, 벚꽃도 만발한다.

드래곤은 입주 초기부터 '산뜰 가족 등반 대회'를 꿈꾸었다. 한번은

아이들의 고향, 산뜰과 동네

드래곤이 새해 첫날 새벽에 성주산에 올라가 일출을 보자는 제안을 했다. 몇 명은 찬성했지만, 나를 포함한 몇 명은 결사반대했다.

"추워요. 싫어요."

새벽에 일어나는 것도 힘든데, 그 새벽에 산에 올라가는 건 딱 질색이었다. '왜, 굳이?'라는 표정의 입주자들을 본 드래곤은 다음 계획을 구상했다. 바로 벚꽃이 필 때 일가족을 데리고 등산을 하는 것.

4월 첫 주, 벚꽃이 만개한 토요일, 드래곤은 결국 뜻을 이루었다. 산뜰 가족을 이끌고 인천 대공원 가는 버스에 몸을 실었다. 엄마들은 인천 대공원에 도착해서 벚꽃 그늘 아래서 수다 삼매경에 빠졌다. 그 사이 아빠들이 아이들을 데리고 인천 대공원에서 산 두 개를 넘어 우리 동네로 내려왔다.

엄마들은 산 입구에서 아이들을 맞았다. 올망졸망한 아이들이 두 시간 넘게 산길을 헤쳐 내려올 때의 늠름한 모습이란! 아이들은 아빠들과의 산행이 즐거웠는지 밝은 얼굴로 쉴 새 없이 재잘거렸다. 아빠들 얼굴에 자부심이 비쳤다.

해마다 봄이 되면, 아이들은 어느 따스한 봄날을 기억할 것이다. '내 아빠'하고만 아니라, '여러 아빠들'과 함께 '복숭아꽃, 살구꽃, 아기 진달래'를 보며 산을 넘은 추억을 떠올릴 것이다. 산뜰에 온 후 아빠들은 이래저래 더욱 아이들과 시간을 많이 보내게 되었다. 그럴 때면, 산뜰 마당에도 살구꽃, 앵두꽃, 라일락, 감꽃이 피어 아이들의 봄을 환하게 밝혀 줄 것이다. 앞으로 아빠들은 아이들에게 차곡차곡 추억을 선물할 것이고, 그렇게 산뜰과 이 동네는 아이들의 고향이 될 것이다.

경제 공동체를 꿈꾸다

"마음먹으면 뭐든 할 수 있겠다."

집을 짓는 일은 말 그대로 건설적인 일이다. 이 일을 함께 치른 입주자들은 혼자서는 힘들지만, 함께하면 무슨 일이든 할 수 있겠다는 생각을 했다.

산뜰 가족들은 '경제 공동체'에 관한 이야기를 많이 나누었다. 아빠들이 퇴직 후, 혹은 엄마들이 아이들을 다 키운 후 일자리를 우리가 직접 만들면 어떨까? 가장 쉬운 방법으로는 아이들이 다 큰 후 지하 근린 생활 시설을 상가로 돌리는 일이다. 이곳을 상가로 임대해 임대 수익을 나누어도 되고, 입주자들 중 누군가 사업장으로 써도 된다.

또 훗날 상가 하나를 분양받더라도 여섯 가구가 금액을 나누어 분양받으면 훨씬 부담이 덜하리라 생각한다. 혼자서는 사업을 꾸려 나가는 일이 어렵다. 경험, 지식, 돈이 부족해서 선뜻 일을 벌이기 힘들다. 집단 지성을 발휘해 여섯 가구가 돈도 나누고, 아이템도 고민하고, 운영도 함께 한다면 100세 시대를 살아갈 준비를 할 수 있을 것이다. 우리가 어떤 아이템으로 경제 공동체를 꾸릴지 모른다. 하지만 그 일을 함께하고자 원하는 아이들이 있다면 그 공간에서 일을 배우고, 생계를 꾸려 나갈 수도 있을 것이다.

산뜰 가족들과 이런 계획을 세우다 보면 가슴이 뛴다. 직장 동료들에게 이런 이야기를 하면 이맛살을 찌푸리는 사람들이 많다.

"같이 사업한다고? 망하면 어떡해?"

그런 분들에게 이런 말을 하고 싶다.

"꿈꾸는 것은 자유입니다."

서울 마포구 성미산 마을에는 여러 마을 기업이 있다. 실제로 성미산 마을에는 마을 기업에 전업, 부업으로 종사하는 사람이 200여 명이 넘는다고 한다. 마을 카페, 마을 극장, 마을 도장, 마을 식당, 마을 반찬 가게, 마을 되살림 가게, 마을 공방 등등. 비록 망하긴 했지만, 성미산 마을에서는 협동조합으로 자동차 정비 사업까지 했다고 한다.

지금 송내동에는 마을 카페 '소란'이 있다. 소란은 마을 사람들이 출자하고, 매달 후원하는 형태로 운영하고 있다. 마을 사람들이 편하게 와서 쉴 수 있는 공간이자, 마을 문화 공간이다. 천연 화장품 교실, 요리 교실, 미술 교실, 초콜릿 만들기 체험, 강의 등 마을 주민을 위한 여러 프로그램을 운영한다. 처음 소란을 찾았을 때, 자원봉사자가 나에게 "오미자차를 처음 타 봐서 그러는데, 간이 맞는지 먹어 보라"며 찻

숟가락을 내밀기도 했다. 손님 10명이 가서 커피를 시켰는데 커피 나오는 데 30분도 넘게 걸렸다. 자본주의 입장에서 보면 말도 안 되는 서비스가 제공되는 곳이지만, 마을 사람들은 일부러 그곳에서 만난다. 소란은 마을 사람들이 만들어 나가는 마을 사랑방이기 때문이다.

생산자가 마을 사람이고, 마을 사람들이 그 제품과 서비스를 소비한다면 자립 가능한 마을이 되지 않을까 생각해 본다. 산뜰 가족들의 마을 경제 공동체 꿈은 아직은 아주 작은 꿈의 씨앗에 불과하다. 하지만 마을에 일자리가 있으면 사람들이 먹고사는 문제가 조금은 해결되리라는 믿음에는 변함이 없다. 그런 날이 오기를 소망해 본다.

3. 아이들 Say : "집에서 안 나갈래요"

돈만 쓰고 오는 나들이는 그만!

어린아이를 키우는 부모들이라면 때로는 집에서 아이랑 지지고 볶느니, 밖에 나가는 것이 훨씬 더 편하다는 것에 공감할 것이다. 맞벌이 부모 중에는 주중에 아이랑 실컷 못 놀아 주는 것이 미안해서, 주말만 되면 아이를 데리고 외출하는 이들도 많다.

송내동에 오기 전, 나 역시 아이가 어릴 때 주말마다 애를 데리고 외출했다. 하지만 인구 밀도 높고 물가 비싼 수도권에서는 아이를 데리고 갈 곳이 마땅치 않았다. 돈 안 드는 공원, 입장료 저렴한 박물관만 가는 것도 한계가 있었다. 아이와 놀이동산을 가기도 했고, 박물관, 문화 센터, 어린이 극장도 갔다. 때로는 인공 시냇물이 흘러 애들이 놀기 좋다는 아울렛 쇼핑몰에 가기도 했다. 가재나 토끼라도 보여주려고 마트를 배회하기도 했다. 그런 곳에 가면 꼭 나들이는 '소비'로 이어졌다. 그렇게 사람 바글바글한 곳에서 주말을 보내고 오면, 지갑과 함께 체력도 털렸다.

산뜰에 오고 나서는 주말에 외출하는 빈도수가 급격하게 줄었다. 아이가 집에서 노는 것을 좋아하기 때문이다. 우리 집만 그런 줄 알았는데, 다른 집도 마찬가지였다. 참새도 같은 말을 했다. 친정에 다녀오는 길, 세탁소에 들르려고 했는데, 두 아들이 벌컥 화를 내며 빨리 산뜰에 가자고 재촉했단다.

"애들이 하도 산뜰을 좋아해서, 이젠 주말에 어디 못 가겠어."

아이들은 이제 꼭 가야 하는 가족 모임 외 정처 없는 나들이는 아예 나서려고 하지 않는다. 산뜰에 사니, 집에만 있어도 아이들이 행복해한다.

외동아이들, 형제자매가 생기다

산뜰의 가장 큰 수혜자는 누가 뭐래도 '외동아이'다. 우리 세대는 외동으로 자란 사람이 드물었다. 대부분 둘 이상의 형제자매들과 복닥거리며 살았다. 요즘은 거의 외동, 아니면 두동이다.

산뜰에는 외동아이가 세 명 있다. 이 아이들은 산뜰에 와서 큰 선물을 받았다. 부모들이 해 줄 수 없는 것, 바로 형제자매가 생긴 것이다.

외동아이를 키우면서 애로 사항이 있었다면 '늘 엄마가 아이랑 놀아주어야 한다'는 점이었다. 우리 시어머니는 나를 보며 이렇게 자주 나무라셨다.

"일하고 와서 뭐 그렇게 힘들게 애랑 놀아 줘? 너 힘들잖아. 애들은 그냥 알아서 노는 거야."

시어머니는 삼 남매를 키우셨으니, 어머니가 굳이 아이들과 함께 놀아 줄 필요가 없으셨을 것이다.

외동아이는 집에 오면 오직 부모밖에 없다. 게다가 온갖 양육서에는 왜 그리 엄마들의 죄책감을 자극하는 말들이 많은지 모르겠다.

'생애 결정적 시기에 엄마가 아이한테 잘해 줘야 아이에게 내적 불행이 생기지 않는다.'

'자녀와 놀 때는 양보다 질이니, 잠깐을 놀더라도 아이와 즐겁게 놀아 줘라.'

이런 책을 읽으며, 아이와 더욱 잘 놀아 주기로 결심했다. 산뜰 입주 전, 유난히 업무를 많이 하고 온 날, 아이가 생글거리며 "엄마, 나랑 보드 게임하자"며 게임판을 들고 올 때면 울고 싶은 마음이었다. 애써 재미있게 놀아 주고 나면, 아이는 만족스러운 웃음을 띠며 또 말했다.

"한 판만 더 하자."

"이제 그만 해." 하고 아이 멱살을 잡을 수도 없는 노릇이었다. 나는 다시 영혼 없는 얼굴로 보드 게임판 앞에 앉곤 했다.

산뜰에 와서는 아이가 나에게 놀아 달라는 말을 거의 하지 않는다. 현관문만 열면 누나, 형, 동생들이 살고 있으니까. 우리 아들 민준이는 가장 먼저 2층 도윤, 재윤 형제와 친해졌다. 입주 당시, 도윤이는 3학년, 재윤이는 일곱 살이었다. 민준이는 두 형제와 같이 산집을 다니긴 했지만 그리 친한 사이는 아니었다. 하지만 아이들은 어른들이 친해지는 속도보다 훨씬 빨랐다.

한번은 산뜰 어디에도 이 세 형제의 흔적이 보이지 않았다. 알고 보니 도윤, 재윤 아빠 손도끼가 자기 아이들 이발소에 데리고 가면서 민준이도 데리고 간 것이었다. 민준이는 이 형제들과 어울리며 배짱이 두둑해졌다. 민준이는 어릴 때부터 조심성이 많아, 여덟 살이 되도록 자전거 보조 바퀴를 붙이고 자전거를 탔다. 이사 온 지 얼마 안 되어, 이 형제들과 함께 자전거를 타러 인근 학교 운동장에 갔다. 손도끼가 자전거 타는 법을 잘 코치해 주었다. 원래 두 발 자전거 탈 때 뒤에서 잡아 주는 게 아빠들의 로망 아닌가? 얼떨결에 민준이는 윗집 아빠 덕에 두 발 자전거를 타게 되었다.

손도끼는 만능 스포츠맨인데, 도윤, 재윤이를 데리고 자전거 타고 인천 대공원까지 다녀오기도 하고 산에서 자전거를 타기도 했다. 민준 아빠 얼룩말은 상상도 못 할 코스였다. 손도끼가 이때 민준이를 종종 데리고 다녔다. 민준이는 그 경험을 무척이나 자랑스러워했다.

"엄마, 나 방금 산에 가서 자전거 탔어. 내려올 때 완전 재밌었어."

주말에는 손도끼가 자기 아이들과 함께 우리 아들도 인근 학교에 데리고 가서 야구를 가르쳐 주었다. 야구장에 같이 데려가기도 했다.

이쯤 되니 산뜰 사람들이 간혹 "민준이, 손도끼네 셋째 아들 됐네"라는 말을 한다. 우리 남편도 도윤, 재윤 형제와 우리 아들을 데리고

외동아이, 형제자매가 생기다

박물관도 가고, 영화도 함께 보러 간다. 형제 없이 자란 외동아이에게 형제가 생기고, 롤 모델이 되는 좋은 어른이 생긴 것, 횡재도 이런 횡재가 없다.

앞집에는 일곱 살 이다인이 산다. 4층에는 같은 나이 최다인이 산다. 둘 다 외동아이다. 둘은 우연히 이름도 같고, 나이도 같다. 산집에서도 친하게 지냈는데, 인연인지 산뜰에 같이 살게 되었다. 두 아이는 '현실 자매'처럼 재미있게 놀고, 치열하게 싸운다.

나는 공동 육아를 접하며 아름다운 우리 말 두 개를 접하게 되었다. 그 단어는 바로 '마실'과 '너나들이'. 요즘 사회에서는 거의 사라진 말이다. '마실'은 '마을'이라는 뜻도 있지만, '이웃집에 놀러 가는 것'이라는 뜻도 있다. '너나들이'는 '서로 너니 나니 가릴 것 없이 터놓고 지내는 사이'라는 말이다.

이다인과 최다인이야말로 '마실'과 '너나들이'를 몸소 실천하는 아

쌍둥이처럼 크는 이다인, 최다인

이들이다. 둘은 집에 오면 곧바로 양쪽 집 중 한 집으로 같이 들어간다. 한 엄마가 두 아이를 동시에 씻긴다. 어차피 한 아이 씻기나 둘을 씻기나 들어가는 품은 비슷하다. 그러다 보니 둘은 내복을 함께 입는 사이가 되었다. '마실'의 업그레이드 최고 단계는 '잠마실'이다. '잠마실'은 그 집에서 함께 잠까지 자고 오는 마실이다. 둘은 수시로 잠마실을 한다.

친구와 함께 씻고, 같이 자며 노는 것은 외동아이 혼자서는 누릴 수 없는 경험이다. 두 아이는 밤에는 부모들이 읽어 주는 책을 자장가 삼아 스르륵 잠이 들고, 아침에는 서로 눈곱 낀 얼굴로 다시 논다. 쌍둥이 자매처럼 큰다.

아이들이 이 집, 저 집에서 놀다 보면 재미있는 일도 생긴다. 우리 집 부엌에서 내가 요리하고 있다 보면, 우리 집에는 다른 집 애들만 있고 우리 집 애는 없는 경우도 종종 있다. 우리 집 애는 다른 집에서 밥을 먹고, 우리 집에서는 다른 집 애가 밥을 먹는 경우도 있다. 애들이 놀다가 아무 집에서나 낮잠을 자고 가기도 한다. 우리 아들은 산뜰에서 놀고, 내가 다인이와 함께 시장을 보러 간 적도 있다.

아이들은 형제자매가 생겨서 좋고, 나는 갑자기 자식 많은 집 엄마가 된 것 같아 마음이 흐뭇하다.

상남자의 뜨거운 눈물, 크리스마스의 기적

모든 아이들이 처음부터 잘 지낸 것은 아니다. 산뜰 입주 당시, 맏형 도윤이는 열 살, 막내 지현이는 세 살로 총 아홉 명의 아이가 있었다. 집 짓는 동안 어른들도 아이들도 조금씩 친해진 터라, 아이들도 다 잘 지낼 줄 알았다. 그 기대는 바로 깨졌다. 아이들 사이에 날카로운 대립이 생겼던 것!

입주하자마자 당시 열 살이던 남자 맏형 도윤이와 당시 아홉 살이던 여자 큰언니 서윤이 사이에 싸움이 붙었다. 봄이 올락 말락 한 마당, 아홉 아이가 마당에 쏟아져 나와 술래잡기를 했다. 가위바위보를 하고, 술래를 정하고, 뛰어놀 때까지는 별 이상이 없었다. 한 아이가 텃밭 쪽으로 뛰었다. 갑자기 도윤이가 애들을 불러 모았다.

"얘들아, 저기 텃밭 쪽으로 가지 마."

도윤이는 텃밭에 상추 씨앗을 심어 놓았는데, 동생들이 뛰다가 텃밭을 밟으면 안 된다고 생각했던 모양이다. 그 말을 듣자 서윤이가 발끈했다.

"오빠, 잠깐만, 왜 오빠가 맘대로 규칙을 정해?"

도윤이는 갑자기 들어온 기습에 당황했다.

"아니, 저쪽으로 가면 안 되니까 그렇지."

서윤이는 어른들이 이야기할 때도 무언가 부당하다고 생각하면 껴

들어서 "그건 아니죠" 하고 바로잡는 만만찮은 아이였다. 가만히 있을 서윤이가 아니었다.

"오빠, 같이 놀 때 오빠 마음대로 규칙 정하면 안 되는 거 아냐?"

도윤이는 서윤이가 딴죽을 걸 때부터 이미 서서히 이성이 무너지기 시작했다. 머릿속의 논리들이 엉키기 시작했는지, 말을 더듬었다.

"뭐, 뭐, 뭐라고?"

서윤이는 또박또박 말했다.

"오빠, 이 마당은 오빠 것이 아니야. 우리 부모님들이 모두 n분의 1로 돈을 내고 만든 우리 모두의 것이라고."

옆에서 그 말을 들은 어른들은 터져 나오는 웃음을 참지 못했으나, 도윤이는 온몸을 부들부들 떨었다. 도윤이는 맏형으로서 동생들을 잘 이끌고 싶었는데, 동생들 앞에서 망신을 당했다는 생각이 들었나 보다. 뭐라고 서윤이에게 논리적으로 대구를 하고 싶었는데, 이미 눈에서는 속절없이 눈물 한 방울이 또르르 흘러나왔다. 남자들의 큰 형님, 상남자의 뜨거운 눈물이었다. 도윤이는 자기도 모르게 주먹을 불끈 쥐어 올렸다. 서윤이는 고개를 치켜들었다.

"왜? 오빠? 나 때리게? 오빠는 말로 안 되면, 사람도 막 때리고 그래?"

도윤이는 간신히 이성의 끈을 잡으려 애썼다. 하지만 눈물을 닦으며 나온 울부짖음은 단 한 마디!

"뭐래?"

그 말을 남기고, 도윤이는 거칠게 현관문을 열고 집으로 들어가 버렸다. 함께 놀기 시작한 첫날 벌어진 사건이었다. 뒤에 남은 동생들은 순간 고요해졌다.

이후, 이런 사건은 빈번히 일어났다. 지하에 장난감이 있는 공간을 남자애들이 차지할 것인지, 여자애들이 차지할 것인지를 놓고도 치열하게 대립했다. 그때마다 서윤이는 침착하게 '이 공간은 n분의 1'이라는 논리로 도윤이를 응대했다. 도윤이는 말로 서윤이를 이기지 못하고 항상 '뭐래?'라는 말을 내뱉으며 발을 동동 굴렀다.

어차피 아이들 간의 갈등은 아이들이 풀어야 했다. 부모가 개입할 수 있는 문제가 아니었다. 함께 살 사람들에 대한 적응도 아이들 몫이었다. 부모들이 두 아이들에게 서로에 대한 감정을 물으면 둘은 서로 학을 뗐다.

"도윤이 오빠는 자기 맘대로 하려고 해요."

"서윤이는 저한테 막 대들어요."

이후로도 무지개방에 어른들이 모여 있을 때면, 헐레벌떡 한 아이가 달려와 이렇게 말하는 경우가 종종 있었다.

"지금 도윤이 오빠랑 서윤이 누나 싸워요. 막 둘 다 울어요."

싸움은 길고 치열했다. 그렇게 10개월이 지난 어느 날, 크리스마스에 변화가 찾아왔다. 어른들이 무지개방에서 파티를 하고 있었는데, 로이가 아이들을 살펴보고 와서 이렇게 말했다.

"서윤이랑 도윤이가 화해했대요."

도윤이와 서윤이가 지하에서 평화 협정을 맺었단다.

"오빠, 우리 싸우지 말고 잘 지내자."

"응. 나도 그동안 미안했어."

둘은 그날 이후 화해를 하고 지금까지 잘 지내고 있다. 가끔 사소하게 다투기는 했지만, 예전처럼 만나기만 하면 으르렁대지 않는다. 산뜰 사람들은 그날 둘의 화해 사건을 '크리스마스의 기적'이라고 부른다.

도대체 왜 그날, 둘이 화해했는지 궁금해서 아이들을 붙잡고 한 번씩 넌지시 물어보았다. 아이들은 이유가 생각나지 않는다는 듯 어깨만 으쓱거렸다. 나중에 얼룩말이 그 이유를 이렇게 추측했다.

"아이들이 어른들을 보고 배운 게 아닐까? 여러 가구가 어울려 살지만 안 싸우잖아. 서로 생각이 달라도 충돌이 일어나지 않는 것을 보고 배운 게 아닐까?"

얼룩말은 아이들이 어른들을 보며 갈등을 최소화하는 방법을 무의식적으로 느꼈다고 주장했다. 꿈보다 해몽일 수도 있다. 하지만 그 해몽이 어쩐지 묘하게 맞는 것 같기도 하다.

사회성을 기르다

'인간의 본질은 인간과 인간을 연결하는 공동체 안에 있는 것이다.'

독일 철학자 루드비히 포이어바흐가 한 말처럼, 사람은 누구나 사람 사이 관계 속에서 살아간다. 사회생활을 하다 보면, 똑똑하지만 이기적인 사람보다 타인과 협력할 줄 알고 배려심 있는 사람들이 인재라는 것을 알게 된다.

예전에는 형제자매와 식구들이 많아, 아이들이 집에서 사회성을 익혔다. 모든 것이 넉넉하지 않던 옛날에는 형제자매 관계가 무척 치열했다. 아이들은 결핍을 통해 무언가를 성취하고자 하는 의지를 다졌다. 형제자매 관계를 통해 협상, 양보, 배려 등 인간관계 요령을 본능적으로 익히기도 했다. 큰아이들이 부모를 대신해 동생들을 돌보며 책임감을 배우기도 했다. 나 역시 삼 남매로 자라 이런 감정들을 고스란히 겪으며 자랐다. 산뜰에 있다 보니, 아이들이 구 남매처럼 지낼 때가 종종 생기곤 한다.

외동아이 최다인은 아기 때부터 밥을 잘 안 먹는 아이였다. 엄마 초록의 걱정은 온통 아이 밥 먹이는 것이었다. 산뜰에서 다인이는 아이들과 어울리며 생존 기술을 터득했다.

'눈앞에 있는 음식을 바로 먹지 않으면 음식이 사라지는구나.'

이후 다인이는 다른 여러 아이들과 함께 있으면, 음식을 양손에 쥐고 허겁지겁 먹는다. 우리 아들도 변한 점이 있다. 나눔 정신과 의견 조율 능력이 생겼다. 우리 아들은 '자기 것'에 대한 애착이 심했고, 자기 물건 나누는 것에 유난히 인색했다. 예전에 친구들이 놀러 오면 자기가 아끼는 장난감을 절대 못 만지게 했다. 조금이라도 자기 장난감을 망가뜨리면 엄청 화를 냈다. 그런 아이가 산뜰에 와서 남자아이들과 형제처럼 지내면서 관대해졌다. 아끼는 물건을 아이들에 선뜻 내어 주었다. 놀이를 할 때도 자기주장만 하지 않고, 의견을 잘 조율하는 모습도 보였다. 그래야 본인도 다른 아이들과 재미있게 시간을 보낼 수 있다는 걸 터득한 것 같았다.

형제자매 사이의 눈치전은 어떤가? 어느덧 네 살이 된 막내 지현이는 일곱 살 최다인과 놀다가 수가 틀리면 떼를 쓴다. 그럼 최다인은 이렇게 말한다.

"흥! 이제부터 너랑 안 놀아."

그 순간, 지현이 오빠 여섯 살 용성이가 최다인에게 잽싸게 동맹을 요청한다.

"다인이 누나, 나랑은 놀아 줄 거지?"

이렇게 서로 편먹고, 화해하고, 싸우기를 여러 차례 반복한다. 그러면서 아이들은 다른 아이들과 놀려면 자기주장만 내세우면 안 된다는 것을 익힌다. 융통성과 협상 능력도 생기게 된다.

타인을 돌보는 것에 전혀 관심 없던 아이가 동생들을 잘 돌보는 아이가 되기도 했다. 서윤이는 한 살 어린 연년생 동생 현서를 둔 누나다. 서윤이는 매사에 동생과 경쟁을 벌여야 해서 '동생은 귀찮은 존재'라는 생각을 늘 하고 있었다. 사촌들 중에서 맏이라 늘 양보해야 하는 것에 대해 피해 의식도 있었다.

그런 서윤이가 산뜰에 와서 '큰언니'가 되었다. 입주 첫해, 서윤이는 아홉 살이었다. 당시 서윤 엄마 미키는 육아 휴직 중이었다. 미키는 워킹맘인 초록, 살구를 대신해 두 아이의 어린이집 등원을 해 주기로 했다. 한 학기 동안 미키가 아침마다 두 아이를 돌보았다. 아침마다 세 딸아이가 만났으니, 세 아이는 새록새록 정이 들었다.

두 아이는 서윤이를 열렬히 따랐다. 서윤이도 열성적인 지지자들을 위해 자기 마음대로 놀이를 주도하지 않고, 두 아이들의 요구에 맞춰주기 시작했다. 시간이 흐르고, 서윤이가 외갓집에 갔다. 외갓집 식구들이 서윤이를 보고 모두 놀랐다. 어린 사촌 동생들을 챙겨 주고, 돌봐 주었기 때문이다. 부모는 서윤이에게 "동생들을 돌봐라. 네가 양보

형제자매처럼 크는 아이들

해야지"라고 말한 적 없었다. 그냥 서윤이가 동생들과 재미있게 놀다 보니 저절로 배려심이 생겨난 것이다. 서윤이는 어느덧 동생들의 마음을 헤아릴 줄 아는 언니가 되었다.

집안에서 형제끼리 갈등이 생기면 부모가 종종 해결해 주기도 한다. 하지만 산뜰에서는 수시로 아이들이 만나 놀기 때문에, 자기들끼리 생긴 갈등은 스스로 푸는 경우가 많다. 자생력이 생기는 것이다.

올봄, 지하 놀이방에서 네 살 지현이가 언니 오빠들 놀이에 끼고 싶었나 보다. 자꾸만 언니 오빠들 노는데 훼방을 놓았다. 큰오빠 도윤이가 그런 지현이를 나무랐다.

'퉤!'

그 순간, 지현이가 도윤이에게 침을 뱉으며 분노를 표현했다. 순간 도윤이는 갈등했을 것이다.

'때릴 데도 없는 애를 때려? 그래도 침 뱉는 건 기분 나쁜데 뭐라고

막 화내 버릴까? 아직 애가 그런 건데 참을까?'

잠시 망설이던 도윤이는 꾹 참고, 지현이를 잘 타일렀다. 이처럼 산뜰에서 아이들은 많은 갈등을 접하며 인내심을 발휘해야 하는 상황도 직면하게 된다.

"우리 애가 사회성이 떨어져서 고민이에요."

요즘 부모들은 이런 고민을 이야기한다. 사회성이란 '이 세상은 혼자 살 수 없고, 함께 살아야 한다는 것'을 몸으로 느끼며 익혀 나가는 기술이다. 비싼 돈을 주고 거창한 학원을 다닌다고 길러지는 것이 아니다.

전국 대학교 입시 자기소개서에 공통적으로 들어가는 질문이 있다. 살면서 나눔, 배려, 협력, 갈등 해결을 한 일을 적으라는 것이다. 아이들의 사회성을 글로 엿보려는 질문이다.

가만히 보면, 산뜰에서 아이들은 이런 사회성을 조금씩 기르는 것 같다. 옆집 이웃들에게 반찬을 나르며 나눔을 익힐 수도 있고, 동생들을 돌보며 배려를 익힐 수 있다. 함께 놀이를 하며 협력을 익히고, 수시로 갈등 상황에 직면하여 그 갈등을 해결하는 능력을 기를 수 있다.

공동체 주택에서 함께 살기, 아이들에게 조금씩 사회성을 길러 주는 방법이다.

함께 아이 키우다

둘러앉은 밥상에서 육아 고민도 나눈다. 얼마 전, 참새가 이런 고민을 털어놓았다.

"요즘 우리 애들끼리 너무 싸워. 왜 형제가 세 살 차이나 나는데 그렇게 싸우지?"

참새는 자기가 딸만 넷인 집안에서 자라서, 아들 둘 키우며 이해가 안 될 때가 많다고 했다. 가만히 듣고 있던 드래곤이 해결책을 주었다. 드래곤은 삼 형제 중 막내로 자라서, 아들 키우는 노하우를 곧잘 전수해 주었다.

"그럴 때는 글러브를 사 주세요."

드래곤은 형들이 고등학생이 되면서 집에서 피 터지게 싸우는 걸 보고 자랐다. 드래곤이 초등학교 6학년일 때, 아버지가 어느 날 글러브를 사 와 드래곤에게 던지며 이렇게 말했다고 한다.

"앞으로 형 둘이 싸울 것 같으면, 글러브 끼고 싸우라고 해. 막내가 심판 보고."

드래곤은 이런 경험이 있기에, 아들 키우는 엄마들의 고충을 이해해 주었다.

참새가 계속 이야기를 이어 나갔다.

"우리 도윤이가 사춘기가 온 것 같아. 이제 내 말을 안 들어."

다른 엄마들이 맞장구쳤다.

"하긴 초등학교 4학년이면 전(前)사춘기라고 하잖아. 말 안 들을 때지. 이제 우리 애들 도윤이부터 사춘기 시작인 거야?"

그러고 보니, 도윤이가 혼자 마당 단풍나무 옆에 앉아 조용히 생각하는 모습이 눈에 들어왔다. 산뜻 큰아이의 첫 사춘기를 다 같이 숨죽여 지켜보는 분위기였다.

얼마 후 토요일, 도윤이가 우리 집 초인종을 누르더니, 민준이에게 이렇게 크게 외쳤다.

"내 레고 피규어랑 네 황금 딱지랑 바꾸자."

순간, 나는 안도하고 바로 참새에게 카톡을 보냈다.

'언니, 아직 도윤이 사춘기 아닌 것 같아. ㅎㅎㅎㅎ 안심.'

이렇게 산뜰 사람들은 함께 아이를 키우고 있다.

아이들에게 유의미한 타자 되어 주기

김찬호 교수는 『한국인의 생애』에서 지금 우리 한국 사회는 '유의미한 타자'가 사라진 사회라고 우려했다. '유의미한 타자'란 가족이 아니면서도 한 개인에게 깊은 영향을 주는 사람이다. 특히나 자라나는 아이들이나 청소년들에게는 어려운 일이 있을 때 부모 말고 상의할 수 있는 어른, 롤 모델이 되어 줄 어른이 필요하다. 마을 공동체가 사라진 지금, 아이들이 만나는 어른은 부모를 제외하고는 학교, 학원 선생님이 전부다.

산뜰에서 함께 살아 좋은 점 중 하나가 바로 부모들이 아이들에게 유의미한 타자가 되어 줄 수 있다는 점이다. 얼마 전, 나는 우리 아들과 도윤, 재윤 형제와 함께 놀러 나갔다. 돌아오는 길에 도윤이에게 이렇게 이야기했다.

"도윤아, 너도 곧 중학생 형 되잖아. 살면서 엄마 아빠에게 하기 힘든 얘기가 있으면, 나한테나 얼룩말한테 꼭 해 주면 좋겠어."

도윤이가 그 이야기를 듣고 씩 웃었다. 도윤이는 속에 있는 말을 자기 부모에게 잘 털어놓는 아이다. 하지만 앞으로 커 가며 때로는 다른 어른들의 의견이 궁금할 때가 생길 것이다. 이후, 도윤이는 가끔 속상

한 일이 있으면 슬쩍 우리 부부에게 털어놓는다.

나중에 도윤이뿐 아니라 사춘기를 맞은 이웃 아이가 진로, 공부, 이성 문제로 나를 찾아온다면 코코아 한 잔 앞에 두고 그 아이 말을 듣고, 그 아이를 지지해 줄 생각이다. 아이들이 혼자서 감당하기 힘든 일이 있을 때, 자기에게 부모 말고도 기댈 수 있는 어른이 있다고 생각하면 좋겠다.

아이들은 산뜰에서 많은 어른들의 모습을 접하며 자란다. 재미있는 예능 프로그램에는 캐릭터가 있기 마련이다. 아이들은 산뜰에 살면서 꼭 예능에만 캐릭터가 있는 게 아니라는 사실을 알게 된다. 꼼꼼하고 섬세한 어른, 덜렁대고 재미있는 어른, 카리스마 있고 엄격한 어른, 인내심이 많고 친절한 어른, 아이들의 궁금한 점을 잘 해결해 주는 어른, 아이들 싸움을 잘 중재해 주는 어른, 말이 별로 없는 어른, 수다스러운 어른, 어떤 일에도 흔들림 없는 냉철한 어른, 상냥하고 융통성 있는 어른 등등.

아이들은 부모 말고 다른 어른들의 모습을 보고, 자연스레 그 어른들을 롤 모델 삼아 자랄 것이다. 우리 아들도 벌써부터 다른 부모들에게 이런저런 영향을 받고 있는 게 보인다. 우리 아들이 부모 아닌 또 다른 어른들의 도움으로 멋진 어른으로 성장한다면 그보다 더 고마운 일이 있을까.

사람 귀함을 느끼다

스무 살 이후 나는 참 각박하게 살아왔다. 청춘 시절, '각자도생',

'각개전투'의 도시 생활, 나는 내 한 몸 건사하기도 숨이 차도록 바빴다. 결혼하고 아이가 태어난 후, 육아는 온전히 우리 부부의 몫이었다. 육아에 쩔쩔매며 삼십 대 초중반 시절을 보냈다. 주변을 돌아볼 여유가 없었다.

나와 내 가족이 아닌 누군가와 물리적으로 가깝게, 정서적 유대감을 가지고 살게 된 건 오롯이 산뜰 덕분이다. 한 아이를 볼 때, 그 아이만 보지 않고 그 아이의 부모들을 만나 교류하다 보니 세상에 귀하지 않은 생명은 없다는 느낌이 든다. 산뜰 어른들에 대한 감정도 마찬가지다. 시간이 흐를수록, 그들과 삶의 희로애락을 나누며, 그 관계의 폭과 넓이가 점점 다른 질량감으로 다가온다.

산뜰에 온 후, 가장 감동적인 순간이 언제였냐고 묻는다면, 나는 '설날 합동 세배'를 꼽을 것이다. 입주 후 처음 맞는 설날, 여섯 가구가 각자 흩어져 명절을 쇠고 왔다. 명절 마지막 날, 함께 모여 음식을 나누어 먹고 지하에서 합동 세배를 하기로 했다. 나는 아이들이 동네 어른들에게 세배하러 다니는 광경을 『토지』, 『혼불』 같은 대하소설에서만 보았다. 어려서부터 우리 집은 작은 집 가족들과 단출하게 명절을 보냈다. 농촌 공동체에서 자란 게 아니어서 딱히 세배드릴 동네 어른이 계신 것도 아니었다. 합동 세배 전, 그 모습이 어떨지 궁금했다.

아이들은 곱게 한복을 차려입었고, 어른들은 아이들 수대로 세뱃돈 봉투 아홉 개를 준비했다. 어른들과 아이들이 한자리에 둘러앉으니 지하가 꽉 찼다. 산뜰 연장자이자 정신적 지주인 손도끼가 아이들에게 묵직하게 새해 덕담을 했다.

진짜 어른이 되어 가다

"얘들아, 꼭 같은 부모에게 태어났다고 해서 형제자매가 아니야. 같은 집에 살면 다 형제자매니까 사이좋게 지내라. 올 한 해도 건강하게 지내렴."

덕담이 끝나자, 아이들이 일렬로 서서 어른들에게 큰절을 했다. 어른들이 아이들을 한 명씩 꼭 안아 주고 세뱃돈을 주었다. 아이들의 꼬물꼬물 말랑말랑 여린 몸을 안고 있자니, 마음이 울컥했다.

'나는 참 철딱서니 없이 나이만 먹고 있었는데, 이렇게 어른이 되어 가는구나.'

나는 내가 '어른'이라고 생각해 본 적이 별로 없었다. 주위를 둘러 봐도 우리 사회에 '어른'은 그다지 없어 보였다.

에리히 프롬이 『사랑의 기술』에서 정의한 것처럼, '어른'이란 '다음 세대의 생명과 성장에 관심이 있는 사람'이라고 생각한다. 어른이란 자기만 잘 살려고 하지 않고, 진정으로 다음 세대를 생각해 주는 사람, 다음 세대를 위해 느티나무 같은 존재가 되어 주는 사람이 아닐까?

나는 아이들의 세배를 받고, 좀 더 철들기로 결심했다. 그게 사람 마음대로 되는 일은 아닐지 몰라도 말이다. 그리고 조금 더 아이들이 살아갈 세상에 관심을 갖기로 했다. 아이들의 세배를 받으며, 그렇게 한 철없는 어른이 '어쩌다 어른'이 아니라 '어느 날 어른'이 되기로 불현듯 다짐했다.

신기한 일이다. 눈을 비비고 보아도, 내 이웃들이 점점 더 귀해 보인다. 앞으로 내가 만날 학생들과 내가 일상에서 마주칠 사람들에 대한 감정도 예전과는 달라질 것 같다는 생각을 한다.

사람은 누구나 귀한 존재다. 산뜰 사람들을, 나아가 다른 이웃들을 조금 더 귀히 여기겠다는 생각을 하면, 내가 아주 조금 더 자란 느낌이 든다.

산뜰, 여러모로 아이들도 키우고, 나도 키우는 공간이다.

집이 나를 키우다

"사람은 건물을 만들고, 건물은 사람을 만든다."

윈스턴 처칠이 한 이 말처럼, 집을 짓고 난 후, 내 삶이 조금 달라졌다. 인생을 좀 더 주도적으로, 공동체적으로 살게 되었다.

내 손으로 직접 내가 살 집을 설계한 일은 생각보다 큰 성취감을 주었다. 나는 처음으로 이런 생각을 했다.

'집도 내가 디자인했는데, 내 인생도 내가 디자인해 봐야겠다.'

나는 서른다섯 살이 넘도록 매사에 순응적으로 살았다. 부모님 말씀과 사회 통념을 거스르지 않는 '착한 딸'이었다. 한 번도 '왜?'라는 생각을 해 보지 못하고 살았다. 그저 남들이 다들 가는 방향으로 별생각 없이 살았다.

집을 지으며 비로소 '나'를 많이 돌아볼 수 있었다. 그러면서 내 인생을 좀 더 주도적으로 살기로 결심했다. 예전 같으면 생각도 못 할 선택을 했다. 살면서 처음으로 '내가 하고 싶은 일'을 하기로 했다. 직장을 잠시 쉬고, 작가 공부를 했다. 부지런히 책을 읽고, 글을 썼다. 외동아이를 대안 초등학교에 입학시키기도 했다. 전국의 모든 아이들이 한 출발선에서 같은 방향으로 달리기를 시작하는데, 내 아이는 스스로 자기 길을 잘 찾으리라 믿으며 아이를 그 출발선에 세우지 않았다. 집을 지으며, 내 인생의 주도권이 나에게 있다는 걸 발견했다면 지나친 비약일까?

내게 '집짓기'는 우리 가족이 들어가 사는 공간을 짓는 것 이상의 의미를 주었다. 어린아이들은 모래로 두꺼비집을 만들며 뿌듯해한다. 하물며 자기가 살 집을 스스로 만들어 본 사람은 알게 모르게 한 뼘은 더 성장하지 않을까?

산뜰에 살면서 '함께 사는 즐거움'을 매 순간 느낀다. 예전에는 '가족' 하면 당연히 '남편, 나, 아이' 이렇게만 생각했다. 지금은 달라졌다. 가족이 산뜰 식구들 전체로 커졌다. 내 외동아이에게만 형제자매가 생긴 게 아니다. 내게도 믿음직한 형제자매가 생겼다.

산뜰에 살면서 '소통', '협업', '품'이라는 가치의 소중함도 더욱 느끼게 된다. 산뜰 건축 자체가 바로 그 가치의 산물이다. 살면서도 이웃들과 크고 작은 일을 함께하며, '혼자서는 힘든데, 함께하면 쉽다'는 생각을 자주 한다.

우리 사회는 철저히 '개인의 노력'을 강조하는 사회이다. 하지만 내가 경험한 '산뜰'은 '묻어가기'가 가능한 곳이다. 몹시 피곤한 날, 누군가 함께 밥을 먹자고 하면, 슬쩍 가서 숟가락만 놓으면 된다. 다음에 내가 의욕 넘치는 날, 다른 사람들을 대접하면 된다. 그렇게 개인이

할 수 있을 때 품을 내면 된다. 우리 사회도 그랬으면 좋겠다는 생각이 든다. 한 개인이 힘들 때면, 공동체에 슬쩍 묻어가고, 상황이 좋아지면 다시 공동체에 기여하는 탄력성 있는 사회를 꿈꾸어 본다.

또 산뜰에 사니, 가사 부담과 육아 부담이 많이 줄어, 남는 시간에 내가 하고 싶은 일을 할 수 있다. 이런 이유로 산뜰에서 누군가 무언가를 성취했다면, 그 성취는 개인 혼자의 노력 때문만은 아니라는 생각이 든다. 한 사람의 성취가 그 사람 혼자 잘나서가 아니라, 사회 시스템이 그 사람을 성취할 수 있도록 도와준 결과물이라 믿으면, 우리 사회에서 무언가 성취한 이들이 저만 잘났다고 으스대지 않으리라.

산뜰을 짓고, 산뜰에서 이웃들과 함께 살며 나는 조금씩 성장했다. 공동체 전문가들이 보기에는 '레벨 1' 수준의 가소로운 공동체 의식을 가진 사람으로 보일 수도 있다. 하지만 산뜰에서 나의 나이테가 점점 늘어나다 보면, 언젠가는 '공동체 의식 만렙'을 찍을 수도 있을 거라 믿는다.

외로운 사람들이 늘어나는 시대다. 이에 대한 반대급부로 공동체에 대한 열망도 그 어느 때보다 높아만 간다. '한 아이를 키우려면, 한 마을이 필요하다'라는 아프리카 속담이 있다. 나는 이 말이 반은 맞고 반은 틀리다고 생각한다. 꼭 아이에게만 마을이 필요한 것이 아니기 때문이다. 사람에게는 누구나 마을이 필요하다. 그래서 이 속담을 '한 사람이 잘 살려면, 한 마을이 필요하다'로 고쳐야 할 것 같다.

1인 가구들, 은퇴한 시니어들, 같은 직업군에 있는 사람들, 같은 신앙을 가진 사람들이 함께 집을 지어 살아 보면 어떨까. 마음이 맞는 사람들끼리 좋은 공동체 주택을 함께 지어 살다 보면, 한 마을을 이루어 살 수 있으리라 믿는다. 덤으로, 지금까지 살던 모습과는 조금 다른 삶의 지평이 열릴 거라 확신한다.

이 책은 내가 썼지만, 산뜰 가족 모두가 함께 쓴 책이다. 나의 또 다른 가족이자 삶의 동반자가 된 산뜰 가족들, 이 마을에 꼭 정착하고 싶게 만들어 준 송내동 마을 사람들, 산어린이집, 산학교 가족들께도 감사드린다. '마을살이가 가능한 집'을 위해 여러 번거로운 공정도 마다하지 않은 시행사 소행주, 시공사 자담 식구들께도 감사드린다.

또 나에게 '작가'라는 빛나는 이름을 달아 주신 푸른책들 신형건 대표님, 내 인생에 멋진 책을 두 권이나 만들어 준 이효진 편집자님께도 감사드린다. 따뜻한 집에서 사랑으로 길러 주신 부모님께 감사드린다. 정해왕 선생님, '열렬한 작가 모임' 찬주 님, 가람 님, 지연 님, 전향 님께도 감사를 전한다. 나를 공동 육아의 세계로 이끌어 준 친구 진미에게 감사를 전한다.

내 인생 가장 절친한 친구인 남편 최영수 님에게 늘 내 편이 되어 주어 고맙다고 전하고 싶다. 아들 민준이 덕분에 좋은 이웃 있는 동네에 살게 되어 고맙고, 민준이가 글 쓰는 엄마를 많이 봐주어 고마울 따름이다.

시간이 갈수록 주변에 귀인, 은인들이 넘쳐나니, 나는 참 행복한 사람이다.

성주산 자락 산뜰에서
김 은 재

집이 내 삶의 행복을 결정한다면?

공동체 주택이 답이다!

펴낸날 초판 발행 2018년 8월 30일
지은이 김은재 | **펴낸이** 신형건
펴낸곳 (주)푸른책들·임프린트 에스 | **등록** 제321-2008-00155호
주소 서울특별시 서초구 양재천로7길 16 푸르니빌딩 (우)06754
전화 02-581-0334~5 | **팩스** 02-582-0648
이메일 prooni@prooni.com | **홈페이지** www.prooni.com
카페 cafe.naver.com/prbm | **블로그** blog.naver.com/proonibook
ISBN 978-89-6170-671-1 13610

도면 ⓒ 소행주
사진 ⓒ 김은재 외 산뜰 식구들

이 도서의 국립중앙도서관 출판시도서목록(CIP)은 서지정보유통지원시스템 홈페이지
(http://seoji.nl.go.kr)와 국가자료공동목록시스템(http://www.nl.go.kr/kolisnet)에서 이용하실 수
있습니다.(CIP제어번호: CIP2018023293)

Ⓢ Special books for the single, senior & simple life
에스는 삶의 새로운 가치를 지향하는 푸른책들의 임프린트입니다.